短线高手

(第二版)

丁 铁 著

地震出版社
Seismological Press

图书在版编目（CIP）数据

短线高手 / 丁铁著. —2 版. —北京：地震出版社，2016.1(2022.10 重印)

ISBN 978-7-5028-4665-7

Ⅰ. ①短…　Ⅱ. ①丁…　Ⅲ. ①股票投资－基本知识　Ⅳ. ①F830.91

中国版本图书馆 CIP 数据核字(2015)第 205489 号

地震版 XM5380

短线高手(第二版)

丁　铁　著

责任编辑：朱　叶

责任校对：凌　樱

出版发行：地震出版社

北京市海淀区民族大学南路 9 号　　邮编：100081

发行部：68423031　68467993　　传真：88421706

门市部：68467991　　传真：68467991

总编室：68462709　68423029　　传真：68455221

证券图书事业部：68426052　68470332

http://www.dzpress.com.cn　　E-mail:zqbj68426052@163.com

经销：全国各地新华书店

印刷：北京市兴星伟业印刷有限公司

版(印)次：2016 年 1 月第二版　2022 年 10 月第二次印刷

开本：787×1092　1/16

字数：160 千字

印张：9.75

书号：ISBN 978-7-5028-4665-7/F(5358)

定价：28.00 元

目　录

第一章　思路决定出路

第二章　实战型短线理念

第三章　技术指标——专业级的运用

第四章　盘口直击——实战图表分析

第五章　涨停解读——临盘追击策略

第六章　庄家迷踪——散户必学技法

第一章　思路决定出路

第一节　股市如战场

人人都渴望成功，这是人的天性。即便是个街边的乞丐，只要他脑袋瓜子没啥大问题的话，也同样会指望着哪天能发财。

有些人的成功得来容易。他们或是含着金钥匙降临到这个世界上，或是有着优越的社会背景和人际网络，又或是从事着某种薪资丰厚的高端职业，甚至是糊里糊涂地蒙中了500万的彩票头奖。没错，他们是成功的，但实际上并不是他们在追求成功，而是成功倒贴了他们。

遗憾的是，幸运儿毕竟是少数，对于大多数的普通人来说，只有靠自己后天的拼搏去实现成功的梦想。而在目前国内投资渠道仍处于相对单一的状况之下，投资股市便很自然地成了不二之选。

股海如战场，这里虽然没有弥漫的硝烟，却同样有着血淋淋的搏杀。千万别以为整天坐在空调房里守着台电脑就没有生命危险了，稍不留神照样被干掉！当然庄家们不会取你性命，但他们盯上的恰恰是大多数人认为比命更要紧的钱包。

一批又一批的人开户、进场、准备用麻袋装钱，但有谁真正能大摇大摆地再晃出来呢？我只看到那些在技战术和思想境界上都没有做好充分准备就贸然蜂拥而至想把股市当作提款机器或是圆梦场所的人，最终往往反被股市提了款，被股市击碎了所有美梦。

有一个形容股市盈亏比例的定律叫“一赢二平七亏”，我说，这个定律已经讲得够客气的了，实际上赢钱的比例会更小，输钱的比例会更大。

散户为什么会输钱？而且是这么“理所当然”地输钱？

其实答案很简单，因为股市本就不是什么摇钱树、提款机。股市是什么？股市就是个专门针对人性的弱点而设计的赌场。

这个定义就很明确无误地决定了一切看似是未知，但其实却早已注定了的胜负结局。你见过闲家完胜过庄家的经典战例吗？可能会有，但只是极个别。反过来，庄家如砍瓜切菜式地摧残闲家倒是家常便饭。

可能会有道貌岸然的人士一本正经地跳出来反对我认为股市就是赌场的观点。天啊，我已经讲得够客气、够含蓄的了，你们难道非要我把“股市其实连赌场还不如”这句话说出口不成？

正规的赌场纪律森严，讲究的是明白无误的铁一般的游戏规则，庄闲双方都不能随意擅自更改。可股市不吃这一套，股市讲究的是“灵活”，今天高兴了就是东，明天不爽了就是西，后天没准又能换成南。说良心话，就算规规矩矩地玩，散户都很难捞着便宜，何况还能这么瞎折腾？

不过，正所谓既来之则安之。不管你是被谁鼓动上了“贼船”，又或者目前是赢是输，怨天尤人已经晚了。尽快地适应这个险恶环境，尽可能地利用正规操作技法来武装自己，多多考虑怎样才能不被市场中的凶悍敌人所消灭，才是最最切合实际的课题。

能玩上股票的，肯定都是有头脑的聪明人，绝对不笨，在日常生活中大家或许都是各自所处行业中的人精。傻乎乎的主儿是绝对不会有拿出成千上万乃至几十万几百万的钱砸进股市去投资的意识和勇气的。

但就是这么一大帮明白人，进了股市之后往往就成了糊涂鬼，智力就凭空下降了 N 个档次，所有的在平日里决计做不出来的傻事会一桩接着一桩干。

是人性的弱点使然？还是学艺不精导致？我认为，这里面的主客观因素很多很多，不一而足。有些是天生带来的思想弊病，而有些则完全是在后天被一些无知更无良的股市专家误教误导所致。

要炒股，首先必须在思想上有足够清醒的认知，这是实施各式赢钱法门并从业余玩家晋级到职业领域的重要前提！不端正和理清思路，所有的技术将无从开展。

思路决定出路。切记，切记！

本章，我们先解决思路上的某些问题，涉及的内容可能大大地有悖于大家长期以来根深蒂固的通常认知，会有一些思想上的震动。

但正如伟大的艾略特所说的：“我们无法很有把握地固执于几个教条的观念，因为在某一时代认为是健康的信仰，到了另一个时代就可能变为一个危险的偏见。”

第二节 “价值投资”是愚弄散户的大泥坑

1. 投资是为了赚钱

当今股评界的人士中，大力鼓吹所谓“价值投资”的人不在少数。在这帮“专家”的长期洗脑后，绝大多数的散户们也开始经常把“价值投资”这四个字挂在嘴边当成了金科玉律。大有谁不懂价值投资理念就不时髦，谁买垃圾股就是二百五之势。

而在实际的买卖操作中那些被洗过脑的散户也正在身体力行地忠实执行着。随便抓几个股民观察一下，你就会发现他们平日里的看盘盯盘一般都不是在看 K 线图和技术指标，他们最热衷于打开 F10 里的公司基本面资料，然后拿一只放大镜仔仔细细地研究分析，恨不得全部背诵下来。他们认为，股神巴菲特是靠价值投资理论取得巨大成功的，那么他的理论怎么会有错？他们觉得，只要把某个上市公司的价值吃准吃透了，当然就能辨别优劣、预测涨跌。俨然一副 F10 里有颜如玉，F10 里有黄金屋的架势。

那么，这个看似经典无误、貌似冠冕堂皇的理论究竟是对还是错呢？

在讨论之前，大家不妨先了解一个基本概念：什么是投资？

各位来到了股市，就是来投资赚钱的。而从临盘实战操作实用性的角度来看，简单地说，投资，就是投入资源以获取收益。

投资的根本目的很清楚，那就是获取收益，说白了就是要能赚到钱。所以，只要是能够帮你赚到真金白银的行为，我们都可以将其称为投资。

而从这一最最简明的定义出发，我们就可以轻易地辨别出关于对“投资”的了解和认识，无论是巴菲特，还是整个地球大院里的巴菲特迷们，都是存在着似是而非的思想谬误的。

比如上面提到的“价值投资”理论，他们就是强调要投资于绩优股，好像除了绩优股以外，其他的股票都不是好股票，都不能去投资一样。怎么着？难道只有在绩优股上赚来的钱才是钱？从绩差股上赚来的就是假钞废纸？我只知道，一个业绩差得不能再差，公司形象丑陋得不能再丑陋的股票，只要连着几个涨停，你照样数钱数到手软，巴菲特能光顾的顶级豪华餐厅你也照样能大摇大摆地进去。

所谓“价值投资”这种洋玩意之所以会在市面上流行，表现出的其实就是大众对投资理论学习及认识上的幼稚和盲从！巴菲特的确是靠价值投资理念成功的，但据此就简单地认为如果要取得成功，也必须要像巴菲特那样采取价值投资这一条路的话，显然是有失客观公允的。这里有一个充分条件和必要条件的区别，也存在一个偶然和必然的区别。

很多人崇拜巴菲特，我却认为他靠的是运气，是那个时代造就了他的成功。我宁可去信索罗斯，至少在投资及投机的根本认知上他要比巴菲特强出太多。

事实上，在市场实战中“绩优股”未必就一定会上涨，就一定能够给投资者带来收益；而“垃圾股”未必就不能上涨，未必不能给投资者带来收益！中外股市的历史无数次用铁的事实证明了这一论断。

任何时候我们都必须要非常明确：投资的根本目的是为了收益，而并非为了投资于价值。投资于有价值的股票仅仅是达到投资目的的千千万万方法中的一种而已，而方法是不会等于目的的。该用枪时就用枪，该用炮时就用炮，该扔核弹时就扔核弹，什么场合用什么方法。以固步自封、画地为牢的态度去面对股市操作，只有死路一条。

2. 散户该买什么股票？

既然所谓的“价值投资”并非如想象中的那么牢靠，那么我们小散户到底应该买什么样的股票呢？

要搞清楚这个问题，首先要明确一件事：股票为什么会涨？

任何股票能大幅上涨，就是因为庄家在进行吸纳或者拉升，也就是通常大家所说的坐庄，而绝不是因为该公司的业绩上去了，或者该公司的老总又往口袋里揣进了多少银两，这些是高层的利益范围，和我们小散户是毫不搭界的！

当然，业绩好，会引起庄家的注意，产生坐庄的题材，但是，好的业绩是庄家可能做这只股票的“因”，而庄家坐庄了，才是股票得已上涨的“因”。请大家一定注意区分这三者间的关系。前一个因果关系是不确定的，而后一个因果关系才是真正确定的。所以，从这里我们应该明白一点：我们要投资的，或者说要买的，是已经有庄家在坐庄的，以及即将有庄家要坐庄的股票，而不是以业绩好和坏来决定临盘操作。

只要庄家看中了某只股票，哪怕它是垃圾，照样能涨。这里的例子就不具体举了，大家平时也都看得到，听得到，市面上上涨最猛最多，最最传奇的股票，大多“师出垃圾之门”；而所谓的蓝筹、绩优，往往却平淡无奇。

说句极端的，你要是能把路边卖臭豆腐的摊子也包装上市了，只要庄家愿意炒它，“臭豆腐股份”照样能连着拉涨停，保证比那些温吞水一样的蓝筹香得多。

有必要再次重复强调一下：不管绩优还是绩差，能为我们赢利的就是好股票；不管绩优还是绩差，不能为我们带来赢利的，全部都是垃圾(图 1-1)。

任何时候，请大家务必牢记：我们投资的唯一日的就是“获取利润”！而绝不是所谓的投资于价值！只有赚来的利润，才能让我们走进大卖场和超市，去买我们需要的油盐酱醋，而那个不着边际的所谓价值，只能让部分人去妄想。

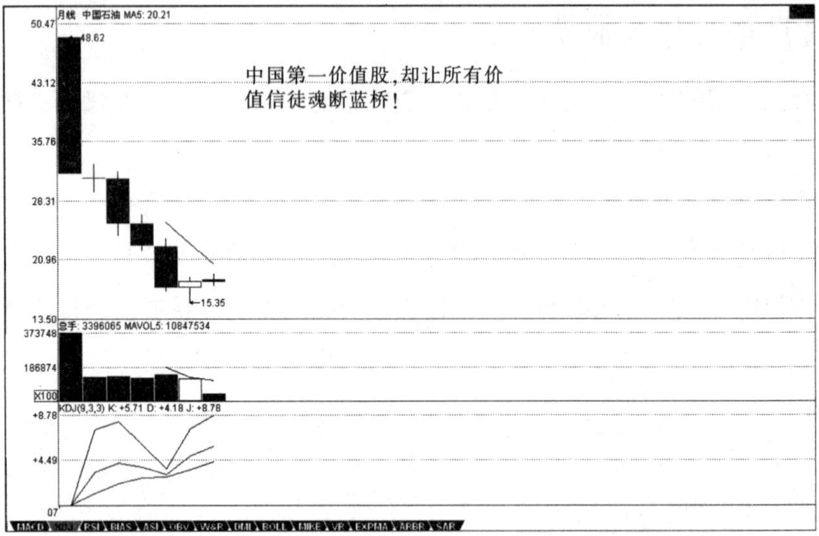

图 1–1 杀灭所有价值信徒的史上第一价值股

第三节 长线对散户来说是破铜烂铁

股市中流行着这么一个约定俗成的说法：长线是金，中线是银，短线是铜。

发明这句话的股评专家们到底是出于什么目的，究竟是怎么想的，我不清楚。但一代又一代的散户股民们被这句“真理”所误导却是个不争的事实。

散户第一家常菜之“坐电梯”，很大程度上就归咎于长线是金的理念。

那么，长线是金这句格言到底对还是错呢？我的看法是，既对也不对。

说它对，是因为它在理论上是讲得通的；说它不对，是因为它绝对绝对不适用于广大散户股民。

从理论上讲，只要在一个相对的底部区域买好了股票一捂到底，只要大趋势是上涨的，如此的操作的确是比频繁进出、追涨杀跌的短线手法赚得多得多，同时也较为轻松省力。但缺点在于投入的时间成本较长，取得回报一般是一年，几年甚至十年。

以上，就是理论上的东西。

如果你是小康小富，你已经把自己的生活安排妥当，有一笔闲钱来进行风险投资，那么，你应该做长线，你应该去研究各种分析理论，去买市面上所有介绍长线价值投资的书籍，去认识巴菲特、江恩，或者是彼德•林奇。

长线投资只适合那些上千万、上亿身家的衣食无忧的主儿，他们或许才有权利去投资所谓的未来。其实准确地说，他们的长线投资已经是属于那种吃饱了饭实在闲得慌，顺便搞一搞以期锦上添花的事了，对于他们来讲，长线究竟有多长，长线后到底能赚多少钱等等，都不是什么大不了的问题。因为他们已经是亿万家财，因为他们早已衣食无忧！他们长线投资买进的股票10年不涨又能怎样？20年后照样不赚钱又能如何？他们不等钱用，他们手头上的钱都快愁花不完了。

而如果你承认你只是一名普普通通的散户，那就请你用脑子多转几个弯，而千万别去莫名其妙地赶什么时髦。

如果你是一个普通散户，你就会希望在一年内你的股票投资有较高的回报，你绝不会容忍一年内你的股票平平而过，甚至不涨反跌，你要频频地换股去找黑马白马。你没有闲钱去等待五年、十年之后才有的多少多少倍的回报，因为在这期间你要指望这点本钱赚一点回来派派用场！

我们只是小股民，大多数只是拿自己的保命钱进来赌上一把，期望尽快地改善一下生活状况，我们的出发点就是要快速地走上致富的道路。你会甘于到了60岁、70岁的“未来”才开上宝马，住进别墅吗？什么？还有人沉着冷静地回答“我愿意”？那你就去长线投资吧，大概等你长线完了买上宝马大奔了，人家都已经开飞机了。

中国散户是一个庞大的特殊群体，在一个不发达国家的新兴股票市场上，要求贫穷的、想短期内发达的散户们长期投资是很不明智的。如果你是一名中国股民，一个名副其实的散户，在这里，我只问你一个最简单也是最实际的问题："以你仅有的几千或几万，甚至几十万元投入股市，你能容忍一年之内不赚钱，甚至出现账面的亏损？"请实事求是地、设身处地地想一想！

虽然时常会在街头巷尾听到一些扬言要做长线，誓与股票共存亡的"豪言壮语"，但请看看你的周围，那些散户中的"长线专业户"哪个不是被不幸套住后被迫做长线的阿Q？先玩短炒，炒糊了转做中线，中线没辙了最终无奈之下只能去投靠巴菲特了。

中短线的突击战术，才是你真正的出路！你的条件你的想法制约了你，即使你不想这么做也会去这么做。清醒一下，我们没有资格做长线，你的自身的生活状况和潜藏的心态不允许你！想真正尽快地过上好日子，你就不要理与长线有关的一切市场信息，你一定要排除来自那些藏身于电视荧光屏之内的"骗子"的干扰！

第四节　逆向思维是专业选手的必备素养

中国人有个习惯，做什么事都喜欢"跟风"。大家都说好的东西，一定是好的；大家都去做的事，一定值得做。不知道各位有没有看到过大街上的排队现象，一个摊点在卖什么东西，只要有超过五个人以上在排队，之后路过的人往往也会接龙排上去，甚至有时候在后面排了大半个小时后的人居然还糊里糊涂压根就不知道前面究竟在卖什么！

虽然以上举的例子比较极端，但也从某种程度上说明了问题。买卖股票更不用说了，大家都感同身受，电视电台上的股评师推荐什么，就一窝蜂地买进；身边同事朋友亲戚买什么，也照单全跟……好像别人既然买了，自己再买就绝对错不了，亏不了。有句话叫做"法不责众"，但可惜，在所有的风险博弈市场中，责的就是"众"！一味地扎堆跟风，输就一个字！

可以毫不客气地说，对“逆向思维”这四个字没有一定领悟的人，是没有资格和庄家论输赢的。所有人都看好的，绝不是什么好东西；所有人都这么想的，你就必须反其道而行！虽不能说百分百正确，但真的是八九不离十。

大家或许都知道，庄家就是在和散户斗智，除非你不用“智”，那样的话庄家当然也就无从“斗”起了。而只要你稍微动一下小脑筋、打一下小算盘了，庄家就有办法对付你！所以也可以这么说，想要战胜庄家只有两条路：一，你是彻底的傻子；二，你比庄家更聪明。

或许有人还是很纳闷，按说每个散户的思路、想法、性格都不一样，为什么会在冥冥之中凑巧地走到同一条错误的路上去？

其实，这就是问题的关键：散户们相对统一的想法并非自己主动思考得出的结论，而是经过庄家的反复诱骗、恐吓、利诱等等操盘手段的折磨而被动做出的决定！

可以说，错误的想法并非散户本身的错，而是庄家想尽一切办法就是要你出这个错！这是博弈市场中最恐怖的一件事，也是大多数散户至死都想不通的道理所在。

散户，就是庄家的留声机和新闻发言人。我强烈建议各位有时间多跑跑证券交易大厅，去听听围成一堆的人们在说些什么，有什么操作决定。

听完后该怎么做？如果你听完后还是随大流跟着大伙一起买卖、同生共死的话，那么我告诉你，虽然你很够义气，但我以上的那些文字基本就算白折腾了。

请记住，他们虽然是我们的亲密战友，但为了赚钱，还是请坚决地把他们当成“指路明灯”。

这一节的内容对部分人来讲或许在短时间里较难接受，但希望有志在风险投资领域有所作为的朋友能尽量读通，因为“逆向思维”这四个字完全适用于任何风险投机市场，包括日后你去拉斯维加斯玩的时候。

任何押注式赌局的精髓就是“吃大赔小”，短时间内可能会为了营造赚钱气氛拉拢人气有所变通，但从一个较长阶段而言，世界上所有赌博行业的庄家就是靠这个东西吃饭的。长期和大众站在同一阵线，迟早会遭遇庄家的炮火轰击，只要中一炮，就很有可能一辈子翻不了身！2007 年“5.30”，“6.20”的剿灭散户行动，已经很好地展示了这个残酷的事实。

思路决定出路。要想在风云诡异的市场投资活动中出人头地，要想在腥风血雨的股市实战中谈笑间赢大钱，就必须要坚决地、彻底地脱离大众思维。

第五节　成本概念是翻本的最大障碍

很多投资者在电视台或广播台向分析师咨询股票时，问法可能是各式各样，但唯独雷打不动的是永远要加一句“买进成本是多少多少”。这就是所谓的成本情节。

买进一只股票的成交价与所有的交易手续费用之总和，就是成本价。成本价是某一轮操作盈亏的分水岭，自然受到精于算小账的广大股民的极大重视，这也是无可非议的。

牛市大涨行情中讨论成本概念的意义不大，因为所有的股票都在涨，人家的是涨停板，你的只涨 8%就很有些不好意思说出口的味道了。但有一点是一样的，那就是股价大多都远远脱离了买进成本，只是涨多涨少的问题罢了。

而在局部下跌市或者干脆就是熊市中，成本概念则有着它特殊的专业认识。

一轮跌势的行进过程中，股票现价通常都是向下大幅乖离了成本价，而绝大多数的散户都是信奉着“不到成本坚决不抛出”的原则并按章执行着，仿佛只要低于成本价卖出了，就是做了赔本的买卖，就是形成了现实的亏损。结果，终于等到了反弹，却因为没有回到所谓的买进成本价，有时甚至只差个几分钱，就错失了高抛离场、减少损失的机会。更可惜的是盘中其他个股表现精彩纷呈，自己却由于死抱着“未到成本”的仓位而只能眼睁睁地看着它们表演。几经反复，人家利用几次波段进出或者及时换仓强势股，早已解了套甚至赚了钱，他们却依然“执着”地在等待着回到成本价的那一天。

我有个业务上的朋友，资金量大约在500万左右，2007年底不知道从哪本皇历上查到西部矿业会大涨的消息，在60多元的位置满仓进入，结果一路被套到20元，资金市值惨烈缩水。我问他为什么一直捂着不肯放手，他回答说只要股票在，不卖就不算亏。我对他说，你这不是典型的阿Q精神嘛，500多万被杀到只剩1百多万的市值，难道你拿着这堆股票去和人说我还是有500万身家？这其实就是成本情节在作祟，成本在你买完股票的一刹那早就成为了过去式，套牢后能不能回到成本并不是凭你自己的想当然决定的。

类似上面的情况，差不多每个人都经历过。过于计较所谓的成本价，乃至于错过了主动摊低成本的战机；过于热爱原有的持股，乃至于了忽略了及时换仓买进更强势股票的战术。

在此，首先要搞清这么一个概念：一只股票能否继续持有的衡量标准，绝不是什么到没到“成本价格”！用最最现实和庸俗的标准来讲，“能不能继续涨”才是决定一只股票去留的最直接理由。

这一概念的后半部分虽然是不确定的，而前半部分则是确定的。不论我们能不能精确预判出某一个股票的后续行进方向，但肯定不能因为刻意纠缠什么成本而白白放弃短线波段机会和其他更有利于补回账户亏损的强势股票。

强烈建议：除了在买进股票成交时适当过目一下“成本价”外，请务必地尽快将“成本价”从你的脑海中抹去。

你要持有，唯一的理由就是该目标股的技术系统尚未发出明显的卖出信号；你要卖出，唯一的理由就是该目标股的技术系统已经发出明显的卖出信号，或者是该股的技术系统虽然没有明显的卖出信号，但盘中出现了攻击态势更明显、更强劲的其他股票。

有一点是肯定的，那就是无论你持有还是卖出，都绝对不应和“成本”扯上关系！与其天天惦记着跌到 3 块的股票什么时候才能回到 10 块的成本，倒不如多想想怎样通过合理灵活的操作把跌到只够买普桑的市值重新做回到原先有资格买奔驰的数目上去。

做股票，不能太认死理，在哪里跌倒就要在哪里爬起来这句话在股市里是完全行不通的。任何时候，我们都要清醒地知道，炒股是炒你的账户总市值，而不仅仅是看某一单操作的盈亏，或是某一支股票的盈亏，甚至也不是看某一阶段的盈亏。所谓变则通，一条道走到黑、放弃主动却死守被动的思维方式和临盘处置绝非短线职业选手所为。

本章的内容到此告一段落，本人在书中也只是挑选了几个典型的散户通病来和大家探讨了一下。而大多数新手，包括部分老手在内，其他方面存在的思想误区还有很多，但大多也是些衍生性的问题了，希望各位能借此举一反三才好。

第二章　实战型短线理念

在正式讲述指标及图表的具体实战运用前，我们首先了解一下专业意义上的短线操作概念，只有把这一概念理解到清楚无误了，才有可能从业余晋升到专业，才有资本进场和庄家一较高低。短线操作是非常重要的获利方式，它是所有临盘实战操作的基础。无论是波段、中线还是长线的操作，均是建立在动态的即时短线技术进出之上。

下面我们将对这些问题逐一展开讨论，帮助投资者尽快地朝更高的专业水准晋级。

第一节　什么是短线

凡是利用短周期技术系统，包括短周期图表系统和短周期指标系统所进行的临盘实战分析和临盘实战操作行为，我们都统称为短线。

所谓短周期技术系统具体指的是日线及日线级别以下的交易周期。它们包含：日线、60 分钟线、30 分钟线、10 分钟线、5 分钟线、1 分钟线甚至分时单笔成交数据以及即时波动图形。

短线的另一个含义是，短线的根本作用是为了不参与股价运动中的调整，以便使我们在最短的时间里达到成功避险，或获取最大的安全利润的目的。

由以上两方面给出的定义来看，答案就很清楚明白了：专业的短线操作，其最终目的就是为了在最短时间内最大限度地获取利润，同时不参与个股行进过程中的调整。

我们也可以把短线理解为波段滚动操作。而它正恰恰是“坐电梯”这一散户噩梦的终极克星和无上法宝。

不管你嘴上承认不承认，事实上百分之百的股民都曾经有过“坐电梯”的经历，都体验过那其中刻骨铭心的悔恨和懊恼。我很久以前认识一位散户，几乎天天都来向我倒苦水，涨得好好的，原打算再赚上个几毛钱凑个整数就抛的，却不想股市的脸色是说变就变，说跌就跌，煮熟的鸭子照样会飞。每次享受完“电梯”后，他都会捶胸顿足、赌咒发誓，保证以后绝不再犯傻云云，可结果呢，有了教训却不长记性，依旧脱不了“VIP 电梯会员”的帽子。

上面那位老兄的问题就出在思路上面，他虽然指天发誓想避免一而再再而三地“坐电梯”，但如果没有在思路上去根本扭转的话，一切都是枉然。他知道短线的重要性，也了解短线操作中关于“在最短时间内最大限度地获取利润”的这条含义，但他却忘记了短线目的中的另一条，即“不参与个股行进过程中的调整”所具备的成功避险的功能。

谁都想赚钱，但赚钱绝不是靠嘴说的。想要比别人有更多的赢利，就要有比常人更清晰的思路。

另外，不在少数的投资者对短线操作还存在着这样一个普遍的认识误区，认为持股时间不超过三天就是短线，认为赚取 3%或 5%就是短线。这是一种非常业余及错误的认知！

经常有些人在外面到处吹嘘自己掌握了短线技术的精髓，唾沫横飞地向别人介绍“隔壁张大爷操作一次要花一个礼拜，我最多两天就搞定，老子的短线功夫是最标准的，天下第一短！”类似这样的语录我听到过很多次，也相当震惊。做短线就是比时间长短？而且是以短论高低、越短越光荣？这样的“短”法是不是短线技术天下第一我暂且不作评定，但我百分之一千能肯定，年度最受券商欢迎的劳动模范一定是非你莫属了。

通过对专业化短线概念的学习，我们应该明白，在没有任何调整迹象出现的情况下，我们有什么理由匆匆持股几天就卖出？明明有继续获利的趋势和可能，我们有什么理由仅赚取些蝇头小利，而刻意去“短”呢(图 2-1)？

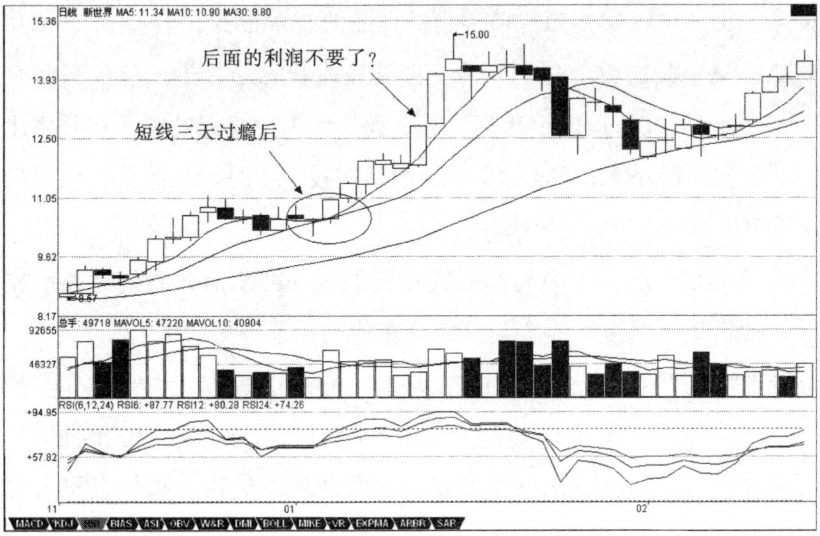

图 2-1　持股“短线”3 天，后面的利润扔垃圾箱去？

第二节　短线操作中的“高”和“低”

临盘短线操作就是一个波段的操作，专业高手凭借各短周期技术指标的买、卖信号完全可以做到进场在技术的最低点和出局在最高点。

很多人买股票时对高价股很感冒，如果见到其他人要买或别人推荐他买时一定会大呼小叫，“哎呀这个股已经涨到 50 块了，价位太高非常危险啊，这你也敢买？”相反，看到那些几块钱的股票就感觉价格很低，相对就比较安全了，好像买进了就不会有任何大的风险。

表面上这样的观点似乎很合理，一个价格低，一个价格高，低的总比高的安全些吧。但实际上这是一种概念上的混淆。

在这里需要特别指出的是：我们所说的不是目标股的最高价或最低价，而是指目标股(或大盘)技术状态的高、低点。这是散户投资者最容易混淆的一个概念，也是短线操作为何屡屡遭受挫败的技术根源。

例如，某个股票股价是100元，但其技术状态却处于低位，另一个股价是10元，但技术状态却处于高位，那么我们认为100元的股票在技术上是安全的，买进的风险不大，相反10元的股票在技术上是有风险的，买进的话照样容易吃套亏损(图2-2，2-3)。

在搞清楚专业意义上的高与低究竟是怎么一回事后，我们还要引申出一个问题。那就是不同级别的资金具体该在什么位置进场。

部分散户虽然对波段操作的重要性有一定的了解和认识，但在实战操作中却往往因为技术上的不过硬而无法对短线买卖点拿捏准确。这是个硬伤，不学习就来投资，那就好比赤手空拳地去参加黑帮火拼，勇气虽然可嘉但结局必定很惨。

还有一种情况是某些人的心态过不了关，操作中情绪难以维持稳定，经常会时而过度贪婪时而又过分恐惧，从而造成在技术指标尚未发出买进信号时过早地进行左侧交易，好像怕晚了就买不到股票了一样；又或是在技术指标已经发出卖出信号时却按照右侧交易进场了，如同刚刚睡醒般的慢半拍，

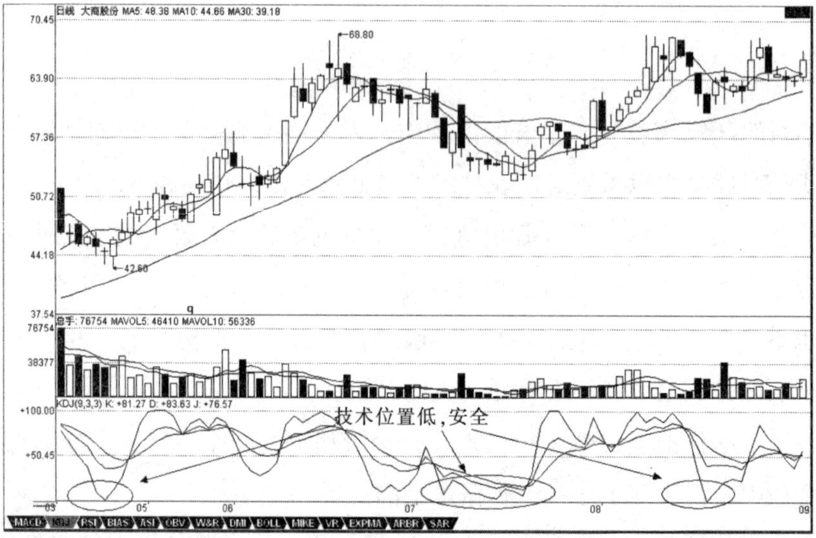

图2-2　股价高，技术状态低，安全

图 2-3　股价低，技术位置高，危险

等等。

功力浅或心态差导致没办法精确抓住买卖点是普遍的情况，也是可以谅解的情况，散户中 10 个人有 8 个是这样的。即便是专业级别的高手，要他次次都找准高低点也是不可能的事情。但是，你既然已经拿起了这本书，也已经耐心读到了这一节，那么你就是为了立志成为高手之中的顶尖高手而来的，思想上首先必须要有认识是其一，其二，哪怕做不到次次命中，起码也要有 6 成以上的精确率。

能够做到 6 成的命中概率其实已经很了不得了。我有一个学生，起初也是个感觉派的业余玩家，100 万的资金折腾到后来只剩下 30 来万。但自从他对短线精确买卖点有了深层次的认识并逐渐提高自身操作水平之后，终于脱胎换骨，下单如有神助，30 万的资金很快就做到了 200 多万。这并不是什么传说故事，而是切切实实发生的真人真事！只要你肯花时间去学习，市场就会奖励你，给你回报。

所以哪怕你暂时还做不到，也拜托一定记住：小资金因其进出方便，因而必须强调明确而具体的进出场技术信号所提示的点位(图 2-4)。

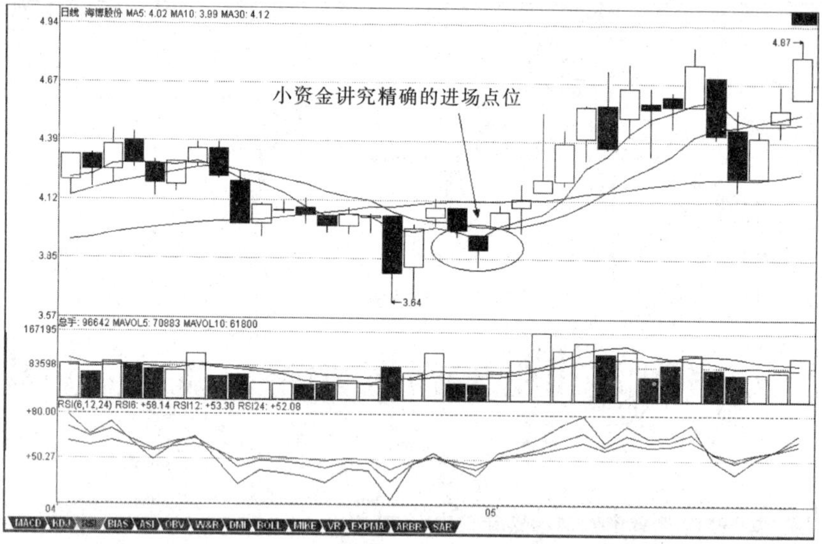

图 2-4 小资金的点位进场概念

而对大资金而言，由于市场进出吞吐量的限制，想要做到在具体而确定的点位进场和出局是绝无任何可能的，他们讲究的是区域概念。

而该种区域性思维在特定的混沌市况中，有时也颇值得散户小资金来借鉴。即，散户投资者在某种条件下若无法有绝对把握吃准进出点位时，适当地提前买进，主动买个套或提早卖出，让出一段利润，或许就能解决一些因力不能及而产生的“后悔事”。

这其实和上一段的内容并不矛盾，它只是在特殊情况下的灵活变通。树挪死，人挪活，任何东西都要活学，更加要活用，尤其是在这个风云瞬息变幻、上午不知下午事的股市之中。

大资金的区域进场概念就不多作展开了，该处所说的大资金通常是指千万以上的级别，所以对广大散户投资者的参考意义不是很大(图 2-5)。

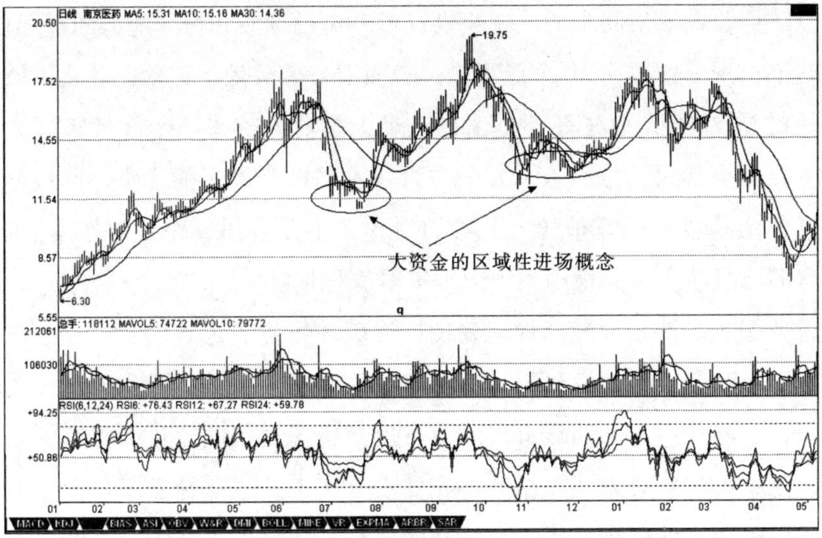

图 2-5　大资金的区域进场概念

第三节　要敢于重仓

市面上 10 本书里有 9 本都是这样告诫投资者的：“千万不要把所有的鸡蛋放在同一个篮子里！”其实，这个说法同样也是一个似是而非的错误理念。

在这个错误理论的长期熏陶下，绝大多数的散户投资者也笃信并忠实执行着分散持仓，并美其名曰“投资组合”。这点大家应该都是感同身受的，检视一下自己并打听一下身边朋友的情况，10 来万的资金量却同时持有 5～6 只股票的人一抓一大把，有的甚至还更多。普通散户投资者在选股时，往往觉得自己挑的那只很好，但想想隔壁邻居张大婶推荐的那只也不错，再一琢磨，好像电视上的王老师说得更有道理一些……最后在吃不准重点的情况下索性全部都买点试试，这个几百股那个几千股，结果越买越多，终于开起了杂货铺。仅从态度上而言，这就是极不负责，也很不严肃的。

分散持仓表现出的本质，就是投资者对自己选股和操作能力的毫无自信。把100个鸡蛋分别放在10个篮子里，表面上好像分散了风险，其实不然。问题的关键是这10个篮子还不是由你一个人挑着？你脚下一绊摔趴下了，10个篮子照样全部报销。所以，安全与否，不是在于篮子的多少，归根结底是看篮子的质量以及挑篮子的人。我们为什么不能找出一个足够结实的篮子，把所有的鸡蛋放进去并稳稳当当地牢牢看好它们呢？

另一方面，持仓分散同样与我们广大散户投资者进场的目的存在严重矛盾。上一章我们已经讨论过散户之所以进股市来的目的：我们普通投资者怀揣着平日省吃俭用存下的钱进来股市，就是为了尽快的、最大限度的获取利润，而绝不是悠悠然来当股东的。我们没有闲工夫去等待五年、十年之后才有的多少多少倍的回报，因为在这期间你要指望这点本钱赚一点回来派派用场！

而专家们所提出的分散投资思路，正是你快速赢钱、最大限度赢钱的致命障碍和最大块的绊脚石。买上10只股票，哪怕每只都赚50%，其实和重仓一只股票赚50%的收益是完全一样的，但显然前者的难度要大得多，可能性也小得多。为了分散风险，以为东方不亮西方亮的想法，从另一个角度也可以理解为东方的赢利被西方的亏损相抵消的弊端。而重仓，表面上意味着风险集中了，但如果你是建立在精选的基础上，在盘口研判和走势追踪上下过巨大功夫的话，风险就会大大降低甚至是消失，随之而来的将是因股价上涨后账户市值的快速上升。

安全，和敢于赚大钱的心态两者之间是没有矛盾的。再次强调：在确保安全的前提下，请把所有的鸡蛋放进一个足够结实的篮子里，并牢牢看好它！这样的话你将会有足够的精力去关心、观察、关照你的持仓，上涨时你的账户市值会快速大幅飙升，危险降临时你也能第一时间迅速做出反应和临盘处置，而不会像打扫杂货铺那样手忙脚乱，无从下手。

专业化的重仓，与某些股民孤注一掷式的重仓根本不是一回事，两者绝不能混为一谈！

总之，临盘操作时资金使用的总的原则是大钱分散，小钱集中。只有大资金才有资格谈得上投资组合，而对中小资金而言则必须考虑集中火力持仓打歼灭战。

具体来说，100 万左右的资金在临盘操作中只能集中精神，专一操作一只股票，而 500 万以下的资金在实战中持仓目标股只一般亦不允许超过 3 只。

第四节　短线操作的进场条件

以上几节花了一定的笔墨阐明了短线操作的重要性。那么是不是就要天天秀一秀短线绝技了呢？是不是有事没事地就为了短线而做一把短线呢？

首先需要指出的是，股票不是天天要做的，更不是天天能做的，散户最致命的通病就是不分昼夜地贴近市场，毫无必要地时时勉强自己频繁过度操作。

不识庐山真面目，只缘身在此山中。说的就是这个道理。有时候适当地和市场保持一些距离往往会看得更加清楚。

专业化短线操作是有其明确的进场条件框定的。

通常来说，只有在牛市末期、震荡格局以及大幅调整后预见会有反弹等情况下才能实施专业短线战术。

专业化短线操作的概念已经讲得很明白了，短线操作是为了不参与个股(大盘)行进过程的调整，同时又能最大限度地获取利润。

该定义中首先强调的是避险，其次才是获取利润！业余选手却往往将其反过来理解并在实战中发生主次颠倒的错误。进行投资活动前不学习，肯定会输钱；但学习之后仅仅停留在一知半解的程度，进而产生了方法性的错误，会输得更多！

任何股市技巧以及世界上所有风险投机技术中，安全永远是凌驾于获利之上的。

大盘处于明确无疑的上升通道，甚至正处在加速上行的主升浪时是绝对不允许展开短线操作的，此时应坚决捂股赢尽(图 2-6)。顺势而为的原则，就是对为何要采取该种操作的最好诠释。假定趋势明白无疑地向上发展，那么暂时来说，避险的意义就已然不大了，获取利润并扩大战果才是眼前的当务之急。

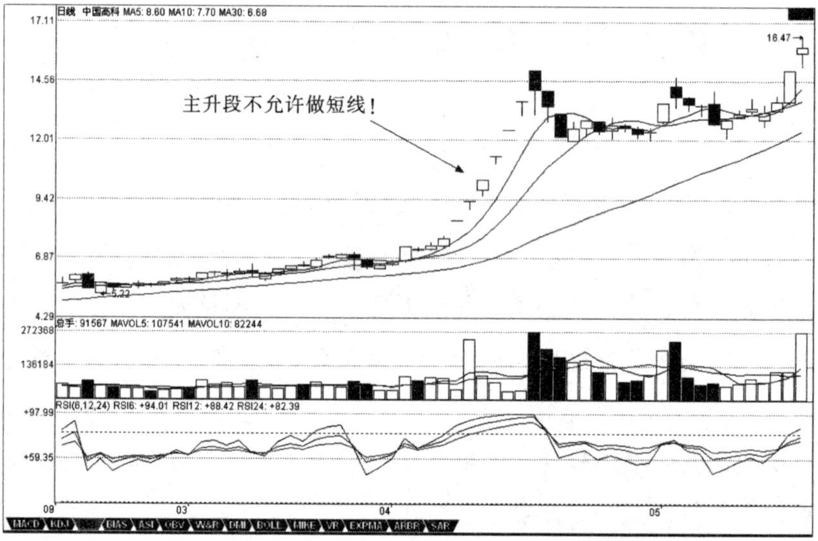

图 2-6 大盘主升段绝不允许做短线

反之同理，大盘处于明确无疑的下降通道中时也绝对不允许展开短线操作，此时应实施绝对空仓战术(图 2-7)。

在这里有必要着重指出，空仓战术是一种高级的临盘战法，不会使用或者不经常使用空仓战术的人，肯定不会有机会踏入职业高端的行列。投资者千万不要存在类似“只有买进做多才是炒股赚钱，空仓观望就是忍者神龟”那样的思想谬误(图 2-8，2-9)。

恰恰相反，那些热衷于天天买进，日日满仓的人，才是低级中的低级、业余中的业余。

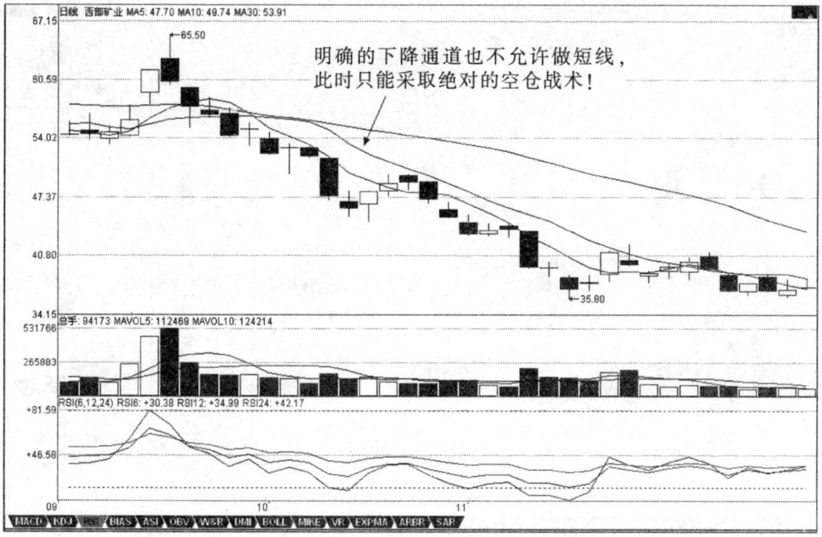

图 2-7　下降通道中绝不允许做短线

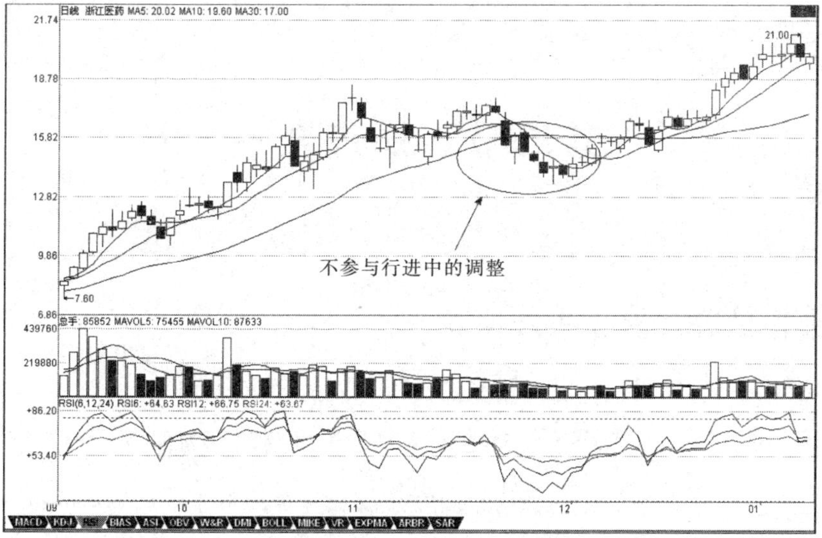

图 2-8　不参与行进中的调整

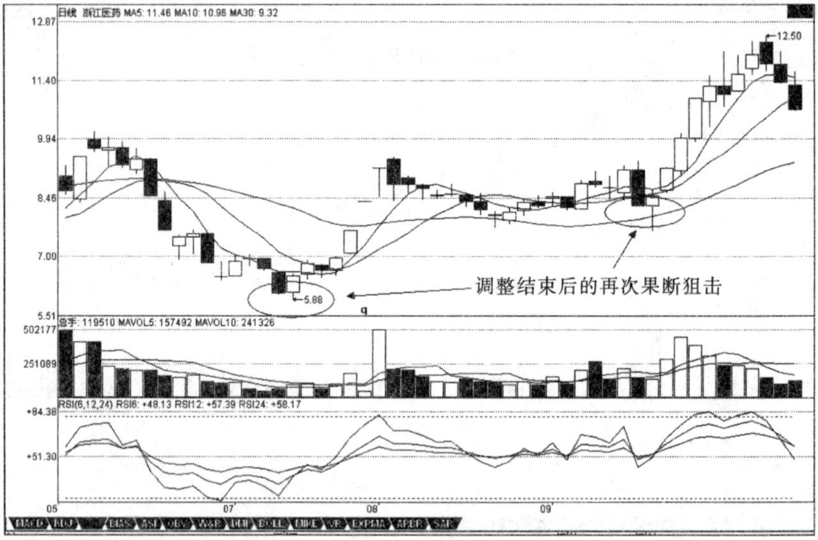

图 2-9 调整结束后的短线狙击

第五节 知行合一

1. 操作目的与操作手法的统一

记得我对散户朋友们说得最多的一句话就是“知行合一”。

什么是知行合一？简单直白地定义就是思想要和行为保持一致。落实到股市中，它的意思就是你的操作目的要和操作战术保持一致。

当思想上是长线的思路时，操作也应以捂仓为原则，自然不会受价格短期波动的影响；当思想上是短线思路时，操作上就应是快进快出地滚动出击，自然也不会长时间被套影响操作的灵活性了。

只有目的和行为随时保持一致，临盘操作才能不出现混乱。

在散户的操作中，经常出现这样的情况：“招商银行极具成长性，我长期看好！”而操作上却受不了短线波动的影响，主力稍加洗盘震仓，也许拿不了两个星期就放空出局，白白错过了一轮大涨势。反过来也一样：“买这只吧，它已经从 10 元跌到 7 元，跌了 30%，无论如何也可以抢出一把反弹！”于是就冲进去等反弹，结果反弹的确是来了，他也真的赚到了钱，可偏偏又赖着不肯走了，又指望着能再多赚一票。反弹之后当然是再度杀跌，该同志也很自然地身陷囫囵，再次被套，越套越深，只能短线变长线，长线再变超长线了。

股市中的一切看似没有规律，但有些东西其实也是事出必然。

千万不要笑话上面的那类散户，因为这些滑稽的错误几乎人人都曾犯过。如果你曾经骑在黑马的背上却被中途甩下来，如果你虽然口口声声地号称要做长线投资，其实却是因为短线套牢才被逼良为娼的话，99.9%是因为你没有能做到“知行合一”这四字要诀！

这就是投资目的与投资手段发生矛盾的结果，自身想法与操作手法不统一自然只能导致亏损。

2. 技术与纪律的统一

从单纯的技术层面上衍生开去，知行合一对技术与纪律两大系统模块的融汇和统一同样起着重要的指导意义。

很多投资者在刻苦钻研短线实战技术的同时，也深谙了操作纪律的重要性，对于技术是铁、纪律是钢的道理都是懂的，都是理解的。但是在日常实战操作展开的时候，往往凭着所学的短线技法在任何时候都想和庄家单挑一把，而全然不顾大盘操作背景究竟如何，适不适合采取操作，脑袋里的纪律约束早就丢到垃圾筒里去了。

这是什么？这也是知行不能合一的典型体现。

打个简单的比方，有些人手中持股封上了涨停，按照通常的常规涨停板技法，只要盘中停板处出现过大、过密的抛单，一般都应采取获利了结的临盘处置。这些死技术很多人都是心里有谱的，在事先也都列入到操作部署中去了，但事到临头，却因为这样或那样的因素，甚至只是靠所谓的第六感臆测出明天还能继续封停，便把原先的计划当成了废纸。结果，第二天就一个电梯坐回了一楼，很可惜的错失一次轻松进账的10%利润。

反之也是一样。封停后几乎没有成交，完全是后续能连续拉出涨停的超强攻击态势，绝对应该坚决大胆地捂住，有些人或许早上还这么对自己说过，可到了下午，却会因为突然间产生莫名其妙地恐慌和不安，稀里糊涂地就把黑马给放跑了。接下来，郁闷完了再吐血，是必然的事。

如果你索性不懂技术、不懂纪律，倒也就算了，永远是糊里糊涂地赚，糊里糊涂地亏，反正就这么回事，也不会存在什么后悔和懊恼。但如果你什么都懂、什么都明白，也知道正确的方法是什么，可偏偏因为知行不能合一这个老毛病而屡屡错过大好赢钱机会的话，信心很容易丧失，心态很容易做坏，后果非常地严重。

请各位务必牢记“知行合一”这四个字，它是适用于股市、期市、甚至赌场等所有风险投资市场的极重要的操作原则之一。

如无极其重大的变故，你事先怎么考虑好的，后续就应坚决予以贯彻执行。事先的预判是对是错都无所谓，一次有计划有目的的操作无论如何都亏不到哪里去。怕就怕你的思路始终处在一个不断变卦，前后矛盾，到最后连自己都不清楚自己在干些什么、应该去干些什么的状态之中，这对任何一个专业投资者来讲都将是一场噩梦。

第六节　止损是钢铁纪律

1. 止损的意义及使用

由于股市的变幻莫测以及人性固有的局限，再成功的投资大师也都有犯错的时候，所以及时止损是每个股民都必须重视的问题。

虽然人都是抱着赚钱的目的而来，承认错误的确是一个感情上很难接受的痛苦过程，但却很有必要学会适当地输一点钱。学习输钱，甚至是比学会赢钱更重要的事情。

但止损也绝对不是简单地胡乱割肉。很多散户错误地认为，发生亏损时只要大刀一挥，壮士断臂就算是专业意义上的止损了；更有甚者，某些人割肉已经割上了瘾，但凡被套，无论深或浅、有没有机会解套、大盘背景究竟如何等等全都不予理会，而是统一实行割肉政策，大有不割不专业、割肉才光荣的味道。

止损绝不等同于割肉，它是短线操作的重要原则之一，同时也有着极为专业化的方法和尺度。

实战中止损点的设置如下：

(1) 顺势操作时止损点的设置应该离自己的买入价格远一些，以防被强势震荡误洗出去。一般来讲，该情况下止损价和买进价之间的距离要大于5%。

(2) 逆市投机操作时，止损点的设置则应该离自己的买入价近一些，以防备系统性不可预测的风险。一般来讲，该情况下止损价和买进价之间的距离不要大于2%～4%。

(3) 在股价有效击破上升趋势线时采取止损。

(4) 在股价击破短期移动平均线(一般指5日、10日均线)时采取止损。

(5) 或可根据自己的资金承受能力、心态耐受能力设置合适的止损点。但不论怎样亦不应超出10%的界限。

(6) 根据持有股票的具体股性来灵活设置止损点。股性相对活跃，容易上蹿下跳的，设置得远一些；走势平稳、活跃度较低的股票则设置得近一些。

(7) 在明确无疑的上攻行情中，没有必要去讨论止损。因为此时应停止一切短线投机性操作，你要做的是中线持股捂仓，全部资金满仓决战杀个痛快。

(8) 在明确无疑的下降态势中，也无必要去讨论止损。因为此时你应该正处于绝对的空仓状态，又何来止损之说？

事关“生命安全”，故重复并总结一遍：任何准备用于投机的操作，无论出于什么样的原因，诸如指标的、形态的、庄家的，等等，都必须有止损的设置，这是短线操作的铁的纪律。不必去担心因为止损错误时少赚钱，这样的情况哪怕出现一百次也不是很要紧；怕就怕该止损的没有止损，一次致命的重创往往就会让庄家把你送上西天，从而断送掉你整个的投资生涯。

2. 止损错误后的临盘处置

止损战术出现错误一般有两种情况，一是逆市操作中的止损错误，二是顺势操作中的止损错误。

假定股价正处于一定幅度的震荡下跌中，你预估将有反弹产生而进行抄底买进的操作，就属于逆势操作。该情况下产生的止损失误，一般的临盘处置就是将错就错，而无需采取补回措施，因为逆市操作中不可预知的因素很多，暂时的“错”或许就是之后的“对”。

而假定在一轮上涨行情中你追击性买进的操作，就是顺势操作。该情况下如果因为短线技术系统发出了这样那样的预警信号，又或者盘中出现了振荡洗盘而导致你在上涨途中平仓出局，这就属于顺势操作中的止损错误。由于止损之后股价依然一涨再涨，该赚的赢利没有拿到，是否也该算作是一种损失而在操作上有所补救呢？从理论上来讲，是需要在更高价位买入的。

但请大家注意，刚才我用了“理论上”这三个字。理论上的东西，往往并不绝对适用于实际。因为股市操作的几大要素中也包含着“投资人”，而任何一个投资人都不会是百分之百的如机器般铁血无情的，这里就牵涉到一个心理调整的问题。

既然你做出了止损的决定，本身就表示了你认为价格较高、风险较大，你的恐惧心态就已经产生并占据上风了。这个时候若要你在踏空之后再度追入，把之前的看空思路硬生生地扭转为看多，需要克服很大的心理障碍，哪怕你够胆在踏空以后再一次于更高的价位杀入，思路即便勉强调整过来了，心态肯定是极不稳定、更是极不平衡的，往往经受不住行情的震荡最终认亏了事以求解脱，或者干脆就直接导致了你对后续行情产生更为离谱的误判。

我的经验告诉我，止损错误导致踏空，再度追涨的风险极其之大。这个风险并不是来自盘面，而是源自你自己的脆弱心态。

所以，对于止损错误后的临盘处置，我的看法是不予处置就是最好的处置。错一次，没什么大不了的，有上千只股票能另行选择，等待发掘，何必在一棵树上吊死？而一旦错了之后一错再错，反复抽自己的耳光，那么损失的将不仅仅是钱这么简单了，你面对的将是信心全无、思路瘫痪的窘迫境地，这才是真正的灭顶之灾。

最后需要着重指出的是：虽然采取止损后可能会发生像上面所讨论的止损错误问题，但这绝对不是我们放弃或藐视止损这一临盘重要原则的理由！止损的意义就如同买保险，买了人身险，人未必会翘辫子；买了交强险，你还真指望天天开车就撞人？道理就在这里，止损其实就是买个保险以防不测。

无组织无纪律，不懂得高高兴兴上班、安安全全回家的人，在社会上不是个好同志，在股市里也不是个好股民。

本节以上谈到的两个内容表面上看似有些许矛盾，止损战术的实战重要性与后续补救上的“消极性”这两者之间也的确很难把握并协调好分寸。但如果你有心成为一名专业级别的投资大师的话，就必须花工夫将这两者哲学性、艺术性地贯通统一起来。

3. 止损要克服心理障碍

止损在技术处理上的东西我刚才已经和大家初步讨论了，这个东西并不深奥，说白了是很简单的一项操作技能。但是，不管你对止损的意义有多么深刻的了解，哪怕你拿岳武穆当作偶像把止损二字刻在背上以表心志，事到临头照样会犯错。

这里其实就涉及一个克服心理障碍的问题。技术上学明白了，但过不了心理关，白搭。

感情上接受不了，是障碍之一。进场买进的都是为了赚钱，没有一个人会傻到说老子来股市是为了输钱，这是很自然也很合情理的。于是乎，一旦被套住了就会产生所谓的只要不卖就不算亏的想法，找出一大堆借口来自我安慰，百般搪塞。他们觉得，只要账面上的亏损不转变成兑现后的实际亏损，就不是输钱。问题的关键是，你死捂着不卖它就不能继续跌了吗？如果暂时不给你解套，而是一年，两年，甚至是几年后才解套呢？

障碍之二，是行动上的优柔寡断。有些人倒真的不是阿Q，不搞精神安慰那一套，他们的操作计划书上或许有止损这一条这一款。但真正到了需要他们去落实贯彻的时候，坏了，毛病又出来了。出什么毛病？出了拖拉、幻想的毛病。跌破止损位了，看着盘面似乎还有救，要不就再等等？再涨个几分钱后止损？这就是拖拉。好吧，就让你涨几分钱。真涨啦？不错不错，挺强势的嘛，刚才估计是洗盘震仓，我可不能上当，再等等，至少等到了成本再抛，可不能白白亏手续费。这叫什么？这就是典型的幻想症。这样的人，偶尔会侥幸蒙中，但更多的时候是一等再等，一套再套，越套越深，一次次地错失良机。

以上的心理障碍虽然说起来容易，但克服起来的确要花费一番工夫。然而，我们投资股票从某种意义上讲恰恰就是在和人性的弱点作斗争，因此困难并不是退却和放弃的理由。

胜人者力，自胜者强！

第三章　技术指标——专业级的运用

或许你已经在思想境界上从低级业余晋升到了准专业水平，那么首先要恭喜你，因为你已经在某种程度上大大区别于你身边周围的其他普通散户，你今后的一切都将有望朝着卓立不凡的超专业方向去发展。

庄家要赢你已经不是很容易，你的身份已不再是一个被动待宰、任人鱼肉的散户，而是一名游弋于庄闲之间的优雅舞者。

但是，你要想在波涛汹涌的股市中长久地生存、稳定地获利，甚至轻松地把庄家当成提款机器，则必须要真正且彻底地掌握临盘实战的技术操作方法。

正确的思路或思维方法可以指导大的战略部署，但所有投资活动目的最终仍是需要通过切切实实的临盘买进或卖出来得以落实并实现的。

相信大家都听过这句话："钱不是万能的，但没有钱是万万不能的！"这句话有一定的道理，但也未必完全正确，这主要是每个人的人生观、价值观有差别。

而在股市中，也有这么一说："技术不是万能的，但没有技术是万万不能的！"这句话对任何人都没有区别，只要你进股市是为了赚钱，那么就请把它当作真理去看待。

专业实战技术系统又可分为技术指标系统、图表系统和心理博弈三大方面，娴熟地将其综合运用在日常的盘面判断及操作中是能否赢利的根本之根本！

本书将逐一地对技术操作方法进行有悖于大家通常认知的阐述。但请注意，正如前言中所说的那样，本书并不属于基础普及类书籍，关于一些指标的推算公式、常规使用方法乃至更为"启蒙"的诸如K线究竟怎么去看等等问题，我就不再多说了。本书是为有一定基础的业余选手快速晋级到职业中高段选手而设，但凡简单的概念性问题，市面上的扫盲类图书很多，不妨阅览学习一下先。

本章，我们先谈"技术指标系统"。

第一节　技术指标系统的专业认识

1. 技术指标是短线高手必学科目

技术指标分析，是依据一定的数理统计方法，运用一些复杂的计算公式，来判断大盘指数以及个股股价走势的量化的分析方法。而技术指标按类别来分的话，主要有动量指标、相对强弱指标、随机指标等等。

技术指标系统，不仅适用于股票市场，它们也同样被广泛运用在期货市场和外汇市场等主要风险投资领域。

打开大盘或个股的一幅 K 线图，成交量柱以下的部分属于技术指标系统。而成交量柱(包括成交量柱)以上的部分则是均线系统及 K 线系统，统称为图表系统(图 3-1)。

图 3-1　指标系统和图表系统

技术指标分析，曾经火过一段时间。某一个理论在尚未普及之前，肯定会体现出一定的准确性和实用性，而一旦搞到街知巷闻，全世界的人都拿去使用了，往往就会出问题。

问题当然不是出在指标本身，指标还是原来的那个指标，它是死的。可要命的是人是活的，尤其是把指标玩得异常熟练的庄家主力更是深谙变通之道。于是乎，高位钝化和底部盘整变得更加折磨人，更加离谱，各种指标骗线也逐渐粉墨登场。

按老经验和老套路玩指标的技术派股民开始遭受打击，原本信心爆棚的“技术活”也就在一次接一次的失败中成为了不堪回首的噩梦。

技术热潮过后，随之而来的就是所谓的技术无用论。除了个别技术死硬派外，大多数人开始逐渐地远离技术，他们宁可听信电视报刊上的股评，宁可靠拍脑袋灵光一现的方式去决定操作，唯独就不敢走进技术的深奥殿堂了。

我可以告诉大家，鼓吹技术无用论的人，大多都曾经是技术迷，可惜只学了个一知半解，就糊里糊涂地用于实战，其结果肯定是遭受重创无疑了。随着对股票技术难以更深地去理解和掌握，加上在那些皮毛技术上栽过了跟头，便脱离了技术门派。

其实，不是技术不好，而是用的人用不好。同样的一张图表，同样的一个 KDJ 或 RSI 指标，不同的人会有完全不同的解读和看法，从而产生不同的操作，其盈亏结果也是截然相反的。

指标是客观和忠实的，只是用它的人理解上有差别，水平有高低。

技术指标的娴熟掌握的确有一定难度，但难度绝不是我们漠视它的理由。真正的短线职业高手，都笃信资本市场的总体公平，绝不去怨天尤人，而是坚定不移地刻苦锤炼过硬的技术分析研判和实战操作功力。他们的成功完全是凭借非凡的盘口智慧和铁一般的操作技术及纪律，而从来不会去听信什么股评，依靠诸如内幕贴士之类的东西。

不懂技术的，只能靠运气赚钱；掌握了技术，则必然赚钱。

2. 学技术，绝不能一知半解地乱学

技术指标一定要掌握，但一般股票分析软件上的各式技术指标多得让人眼花缭乱。很大一部分人刚从技术无用论的误区中坚定地走了出来，转眼却又掉进了另一个泥潭，那就是指标的使用不当。

使用指标不当有很多种不同类别的情况，但其总的结果是一样的：即造成大盘或个股走势的误判，从而直接导致不能赢利，甚至大幅亏损。

而三番两次地运用技术指标未果，也是一些曾经立志要在技术上有所作为的技术派人士最终“叛离师门”的最基本原因了。

对一件事物有了认知上的突破，会引导人们去实践；而在实践上屡屡碰钉子之后，同样会让人们对先前的认知产生怀疑和否定。认知是大的前提，而实践也是能否取得成功与否的关键，两者之间是相关联并缺一不可的。

没有思想上的认知，你不可能将正确的思维落实下去；而实践的方法不对头，前功尽弃是唯一的结局。

要想在投资领域中卓越不凡、能人所不能，就必须付出比所有平常人多得多的脑力和体力。天下没有免费的午餐，世界上更没有现成、轻松的杀庄法门！

技术指标种类繁多，常见的包括有能量指标、强弱指标、随机指标、摆动指标等等，光把所有指标的名称及常规用法看一遍估计就会让一些新手晕了。日常操作中，也的的确确是有不少人宛如烧大锅饭一般把差不多全部的各色指标轮番变换使用。这个灵光就用这个，感觉不行了就换另一个，研判一只目标股不用上十个八个指标好像就不过瘾，感觉他似乎都懂，但实际却没有一样是真正精通的。甚至还有人拿同一类别的技术指标去互相印证，美其名曰是为了提高正确度和安全性！其实，哪怕你用上一百个随机指标去判断个股走势，其结果和只用一个随机指标其实是完全相同的。

技术要学，但不能乱学。一知半解的危害，犹胜于一无所知。

学技术，绝不是为了赶时髦，或是为了在亲戚朋友面前能有些得意的谈资；技术，恰恰是我们在投资市场赖以活命乃至发达的最基础的傍身武器。

3. 临盘实战中指标的选用

之前已经提到，林林总总的一大堆指标并不是真正实战高手需要的全部。专业高手临盘时对技术指标选用的条件框定只有一个：只采用适合自己的，能为自己轻松、持久赢取利润的指标种类。

该定义十分明确地告诉了我们，好的技术指标包括了两个方面：一，适合你自己；二，有持续长久获利的精准度。

所谓的适合自己，指的是什么？它指的是你平时经常用的是什么指标，哪一个指标你用起来相对比较得心应手，那就是适合你的。正所谓条条大路通罗马，但你只要选择一条路就行了，我们只是凡人，没有什么分身术。在技术指标的选用上也是一样，目前各式各样的指标差不多有上千种，你要大小通吃，全部都学个遍的话，等学成了，你也该退休了。

专业短线高手的兵器库中，一般只有一个或两个重点的技术指标运用于日常实战！熟，才能精；精，才能准。如果你碰到有人号称自己是什么技术专家，但实际操作起来五花八门什么指标都要用上一遍的，那绝对是伪高手！贪多肯定是嚼不烂的。

眼高手低几乎是所有具有散户思维的投资人的通病，然后这正是失败的根源。

而所谓的有持续长久获利的精准度，则是指指标类型的具体采用。这虽是个仁者见仁，智者见智的问题，但一般来讲还是有些讲究的。

为什么有人会发明出这么多的技术指标类型？说好听点，无非是为了丰富一下技术分析的内容，吸引更多的人来实现“靠头脑赚钱”的愿望或者说是虚荣心。说难听点，就是把原本简单的东西搞复杂了，让有心钻研技术的人多走弯路，多花时间，多出错误，以便让绝大多数的所谓技术派门生永远停留在半瓶醋的似懂非懂状态。

事实上就是如此，有些非常常用的指标如 OBV，CCI，甚至是 RSI 等，实战效用都不是很高，它们的信号相对于行情的变化是极其滞后的，尤其运用在短线战法时，更是毫无作用。这是迟钝型的。

而另外一些如更为常用的 DMI 等等，则是属于上窜下跳型，它们相对于刚才提到的迟钝型来说，变化又显得太快了，信号的提示过于频繁。选取这些指标来做短线，当然可以忙得不亦乐乎，但你往往会发现你总是三天两头地打自己耳光，金叉之后转眼能成死叉，死叉之后一个脉冲拉升又能变成金叉，用“疲于奔命”这个词来形容是最最恰当不过的了。

以上这些指标，是极为普及的，用的人也很多。效果如何自不必我多说，各位检视一下自己的战绩后应该会有一个客观公允的评判。

管用的指标虽然也有不少，本书只在后面的章节中重点介绍一两个，撂倒一个敌人，一把枪、一颗子弹就够了。股市里的学问，说复杂很复杂，说容易却也相当容易，关键是你站在什么角度、用什么方法去看。大道至简，大音若希。

第二节　超强火力的实战分析指标—KDJ

1. KDJ 的基础认识

KDJ 指标又称随机指标，是由乔治•蓝恩博士(George Lane)最早提出的，是一种相当新颖、实用的技术分析指标。它起先用于期货市场的分析，后被广泛用于股市的中短期趋势分析，是期货和股票市场上最常用的技术分析工具。

随机指数在设计中综合了动量观念、相对强弱指数和移动平均线的一些优点，在计算过程中主要研究高低价位与收盘价的关系，即通过计算当日或最近数日的最高价、最低价及收盘价等价格波动的真实波幅，反映价格走势的强弱势和超买超卖现象。

随机指标 KDJ 最早是以 KD 指标的形式出现，而 KD 指标是在威廉指标的基础上发展起来的。不过威廉指标只判断股票的超买超卖的现象，在 KDJ 指标中则融合了移动平均线速度上的观念，形成比较准确的买卖信号依据。在实践中，K线与D线配合J线组成KDJ指标来使用。由于KDJ线本质上是一个随机波动的观念，故其对于掌握中短期行情走势比较准确(图3-2～3-5)。

图 3-2　日线 KDJ 指标

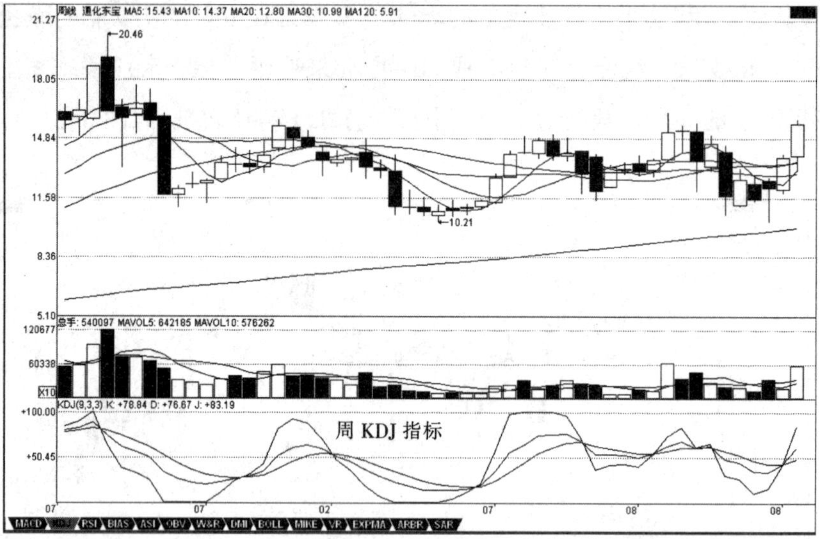

图 3–3 周 KDJ 指标

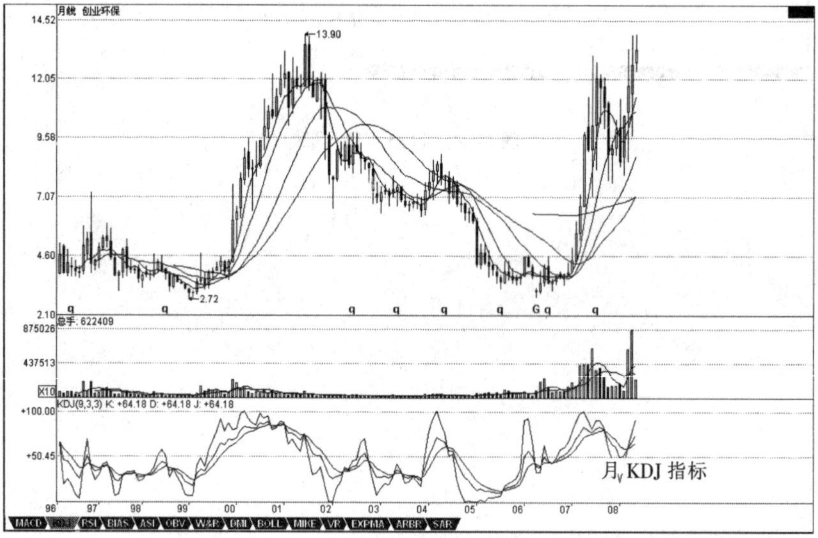

图 3–4 月 KDJ 指标

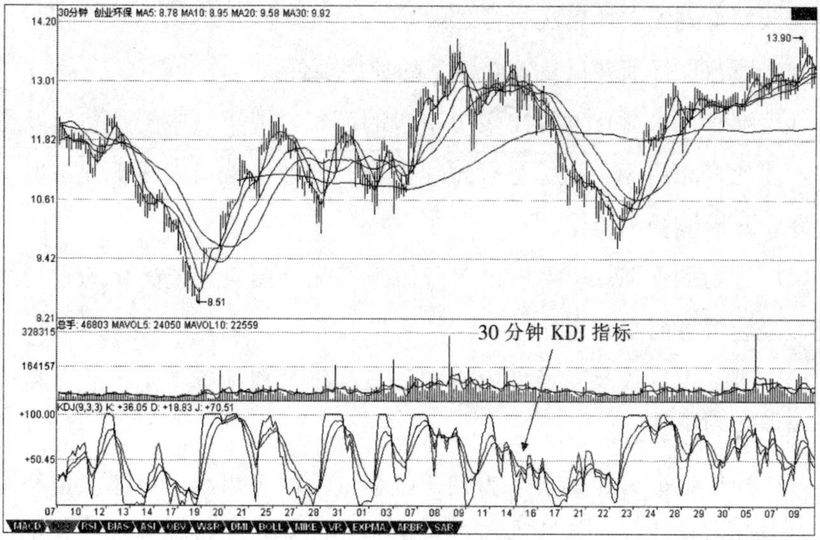

图 3–5　30 分钟 KDJ 指标

关于 KDJ 的计算公式在这里就不多说了，一般基础类书籍上都是有的。再说，现在不比早些时候那样，做技术分析还得自己趴在地上手工绘图，目前的交易软件系统已经极为普及，几乎所有的技术指标都是现成的了，如何计算的问题不是我们应该费力气去关心的事情。

至于 KDJ 指标的一般技术使用方法，任何操作软件的说明书或绝大多数的基础书籍中也均有详尽的介绍，在此也予以省略了。

但是，某一项指标的一般使用方法只是让我们大家初步地了解一下该指标的基本运用原理而已，而如果你想要依赖这个指标在临盘实战中实现高胜率的操作，仅靠这些东西是远远不够的。任何指标的运用，均是这个道理。

专业选手追求的绝不是什么“一般”或“普通”，在使用技术指标时也同样是如此。在基本掌握了某一指标的通常使用法则后，化繁为简，将其最具杀伤力的技术精髓灵活合理地运用到日常实战中去才是他们的终极目标。

2. KDJ 临盘使用要件

利用 KDJ 指标进行专业化的临盘狙击或避险出局是有着极严密的进、出场条件框定的，一旦进入作战状态，请务必随时保持如机器人般的冷血无情，机械而正确无误地忠实执行之。

首先请各位仔细并反复领会以下的使用要件：

(1) 唯有在大盘(个股)出现上攻中的调整，或下跌中的盘整以及横盘整理时，才允许利用 KDJ 指标进行短线操作。加速上涨或直线下挫市况中绝对不允许展开短线套利操作。

(2) 进场操作时，KDJ 买、卖点信号应配合图表系统的移动平均线提示的进、出场信号同步使用。

(3) 进、出场信号一经发出必须无条件地严格执行，绝不能存在任何的心存侥幸或胡思乱想。

短线操作纪律为先，技术为辅，临盘战斗时无组织无纪律，是绝难保证一击必杀的。情绪冲动是许多投资者产生买卖动机的重要因素，这正是造成实战亏损的根本原因之一。

3. 60 分钟超短线必杀系统

选用 60 分钟技术系统决定实战买点，一般是当行情处于相对较强时采用(必要时甚至可选用更快速的 30 分钟技术系统)。

选用 60 分钟技术系统决定实战卖点，则一般是当行情处于相对较弱时采用(必要时甚至可选用更快速的 30 分钟技术系统)。

这里有一个不同市况采取不同速率周期指标的概念。简单地讲，就是行情强时买进要快而果断(抢钱)，卖出则应适当采用较慢速的周期指标(多赚点)；反之，行情弱时卖出要快而果断(逃命)，买进则应适当采用较慢速的周期指标(安全第一)。

60 分钟系统买点的技术含义：当大盘(个股)处于相对平静的状态下，或历经大幅下跌后出现企稳横盘整理之时，60 分钟 K 线图表系统的 5 线上穿 10 线形成放量攻击性金叉，同时 60 分钟 KDJ 指标也在低位形成向上金叉，应坚决予以追进(图 3-6)。

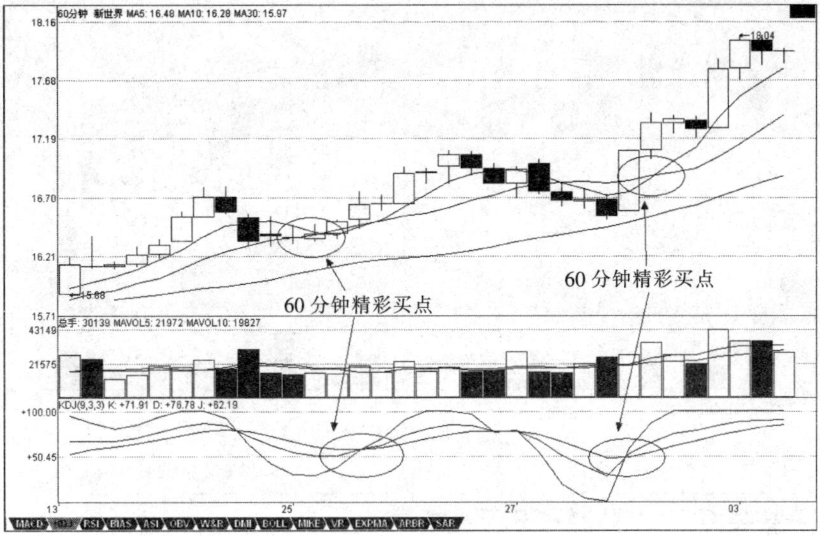

图 3-6　60 分钟精彩买点

60 分钟系统卖点的技术含义：当大盘(个股)历经大幅上涨后的某日，60 分钟 K 线图表系统的 5 线下穿 10 线形成放量或缩量的攻击性死叉，同时 60 分钟 KDJ 指标也在高位形成向下死叉，临盘请坚决卖出离场！此时切不可心存幻想，否则短线套牢无疑(图 3-7)。

一般而言，超短线的操作，选用 60 分钟技术系统就足矣，这是本人在多年实战中得出的经验。其他如 30 分钟、15 分钟甚至 5 分钟技术系统虽然也有其一定的实战价值，但总体来说它们的变幻速率过于频繁，很难给出一个明确且从容的进出场信号(图 3-8)。

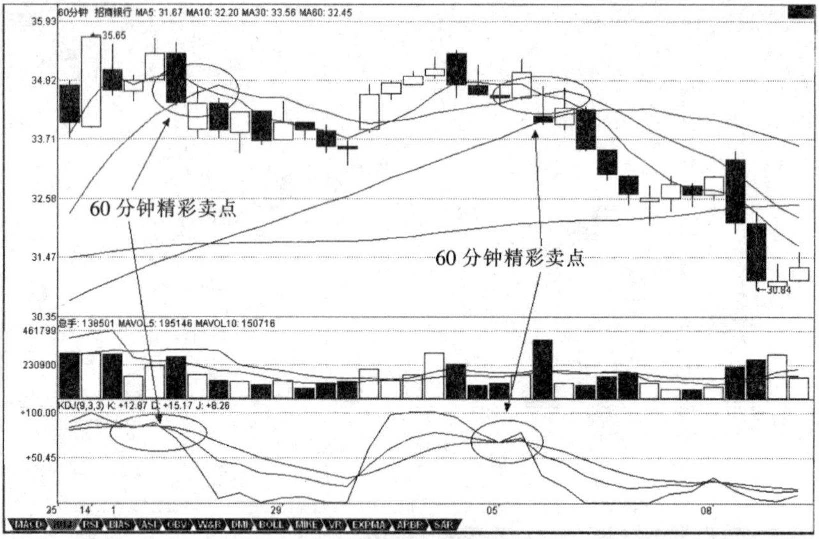

图 3–7　60 分钟精彩卖点

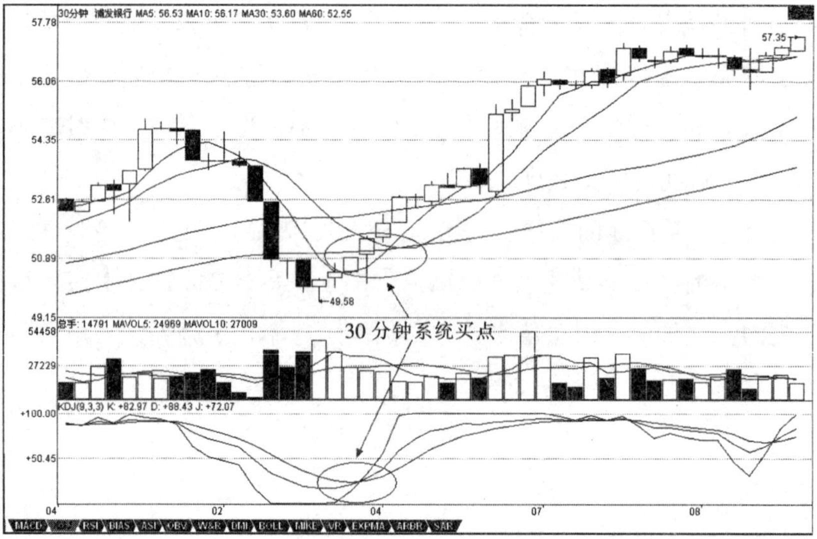

图 3–8　30 分钟买点

4. 日线及周线图表 KDJ 技术要点

日线技术系统是介于超短线系统和中期系统之间的实战周期，严格来讲它也隶属于短线操作的范畴。当行情活跃时，其本身亦能提供出完美无误的短线进出场信号，但在更多的时候则是起到了一个承上启下的作用。

日线系统一旦发出买进信号，则提示我们可以更加放心大胆从容地对 60 分钟技术系统展开操作(图 3-9)；日线系统一旦发出卖出信号，则提示我们要对 60 分钟技术系统的超短周期操作保持应有的分寸克制及适度警觉(图 3-10)。

以上两者之间的关联，同样也适用于日线系统和周线系统之间、周线系统和月线系统之间。

图 3-9 日线系统买点

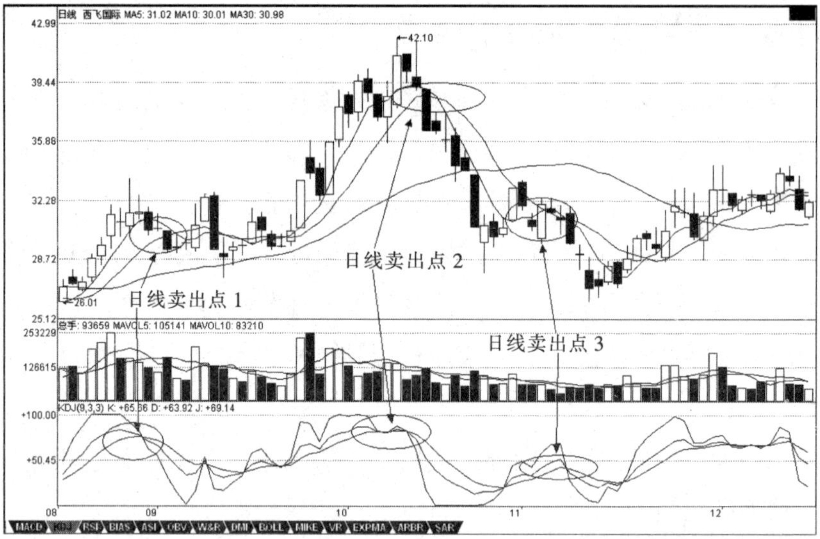

图 3-10 日线系统卖点

周线系统的买卖信号，则是预示一轮中级行情将会产生与否。

一旦周线系统形成买点信号，那么一轮中级以上的上升行情就将爆发，配合短线各周期技术系统的买点临盘买进，中线必然赢利(图 3-11)。

一旦周线系统形成卖点信号，那么一轮中级以上的调整行情就将来到，此时必须配合各短线周期技术系统的卖点择机卖出离场，否则，较深幅的套牢将无可避免(图 3-12)。

我有一位武汉的学生，年长我好几岁，可能是由于年龄和家庭等方面原因的影响吧，他在我眼里一直是偷懒派和中庸派。他对短线技术掌握得并不好，其余地方的细节把握得也不到位，可他就认准了周线 KDJ 这一点。周 J 值见底了就全仓买进，接着该干嘛就去干嘛，什么都不管了；等到有人告诉他周 J 值冲高见顶了，他立马全仓抛出兑现，哪怕以后再涨多少也不后悔。就是依靠这如此简单、刻板、省事的循环操作，其资金在 3 年内从 20 万做到了 100 万出头。这其间，他也的确经历了无数次在普通人眼里所不齿的“套牢”和“踏空”，但他却远比那些挖空心思竭力想避免“套牢”和“踏空”的所谓聪明人赢得要漂亮。

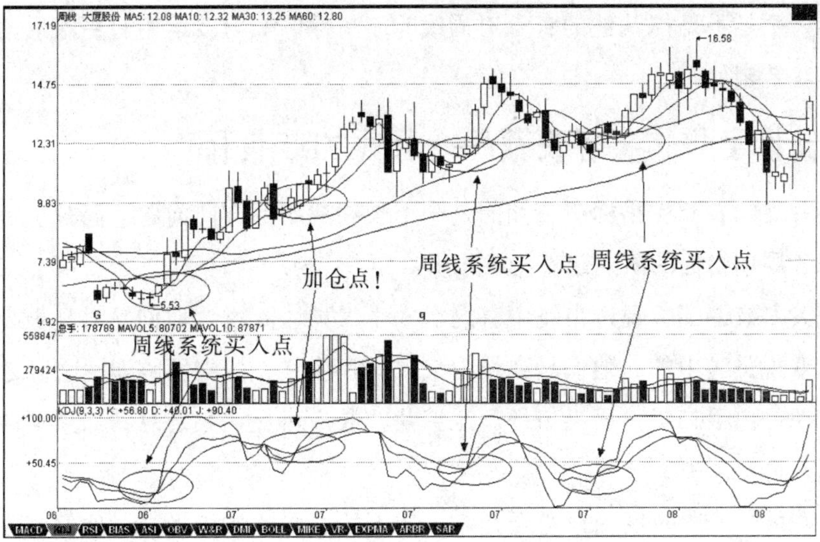

图 3-11　周线系统买点，预示中级上涨行情

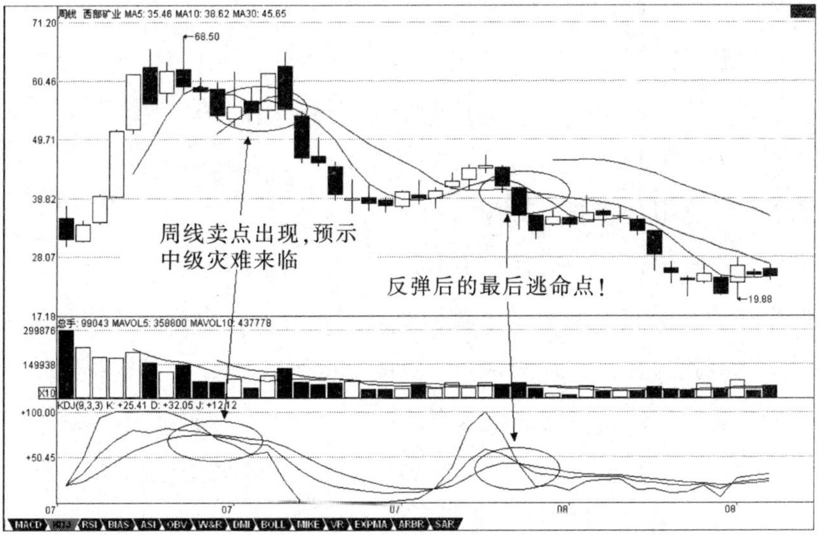

图 3-12　周线系统卖点，预示中级灾难来临

大家是不是能从他的身上对周线 KDJ 指标的威力及运用有更深层的感悟呢？我希望如此。

5. 似拙实巧，王者决战——月线 KDJ 指标

月线图表 KDJ 指标所蕴涵的是一个长期战略性方向问题，同时也对月线以下各周期指标的研判起着指导作用。

大家或许都听说过市场中有这么一小撮神秘人物，他们平时是极少出现在大众视野当中的。他们只在场内气氛一片惨淡、散户面临崩溃之际才会突然出现，出手扫货；而当市场一派繁荣、散户热火朝天之时，却默默地急流勇退，再度消失。

在很长一段时间内，甚至是常人所无法忍受的数年当中，他们或许只操作这么一个来回，但却是百分百地出手就赢！这样的人，才是真正超越平凡、赢钱于无形的投资大师、赚钱高手。

轻轻的我走了，

正如我轻轻的来；

我轻轻的招手，

作别西天的云彩。

这是何等悠闲从容的气度啊！

他们凭的是什么？他们有何秘诀？

如果你能确确实实地对以下我们要提到的月 KDJ 指标的实战含义有所理解的话，就能找到答案。领悟越多，赚钱也将如滔滔江水，连绵不绝。

请投资者反复体会以下的技术讲述：

(1)大盘(个股)月线技术系统的 KDJ 指标之 J 值低于 20 以下，同时其周线 KDJ 之 J 值低于 10 以下时，说明一轮暴涨行情正在悄然孕育。我们不要被盘面暂时的恐怖无助气氛所迷惑，亦不必过多去理会短周期技术系统的所谓死叉、破位，而应敢于先一步进场，能人所不能，为人所不为(图 3-13)。

一旦月线 KDJ 在 20 低位以下形成金叉，同时其周线 KDJ 亦在中低位形成金叉时，临盘应毫不犹豫地投入全部资金满仓出手(图 3-14)！

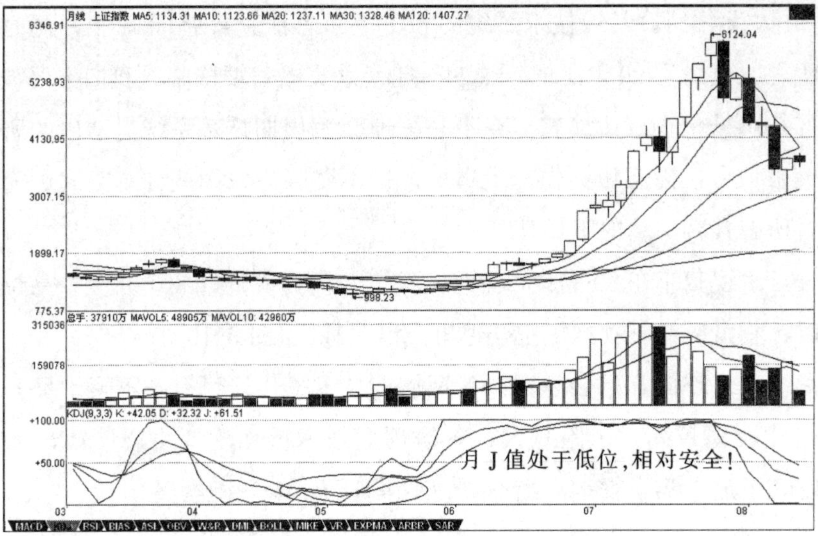

图 3-13　月线 KDJ 处于低位安全

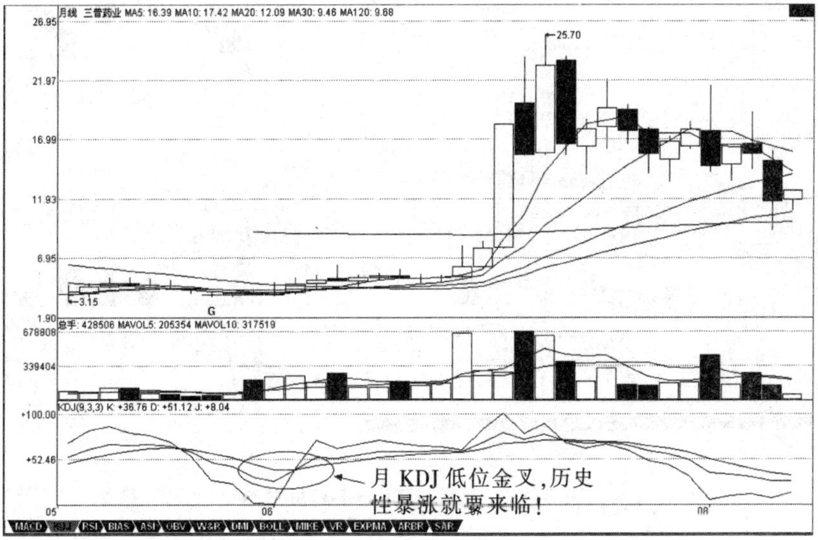

图 3-14　月 KDJ 低位金叉，历史性机遇来临

(2)大盘(个股)月线技术系统的 KDJ 指标之 J 值高于 80 以上，同时其周线 KDJ 之 J 值高于 90 以上时，说明一轮暴跌灾难将要降临。我们不要被盘面暂时的热闹繁荣场景所迷惑，亦不必去理会短周期技术系统提示出的所谓金叉、突破信号，而应做到先一步离场，切不要因为贪图些许剩菜剩饭而最终落得替所有食客买单的下场(图 3-15)。

一旦月线 KDJ 在 80 高位以上形成死叉，同时其周线 KDJ 亦在中高位形成死叉时，临盘应毫不犹豫地空仓退出，撤离战区(图 3-16)！

月线 J 值越低，机会越大，各短周期技术操作均可有条不紊地展开。相反，月线 J 值越高，风险越大，各短周期技术操作均要小心谨慎，适可而止，吃完了放下筷子就走，绝不要傻乎乎地留下来洗碗刷碟！

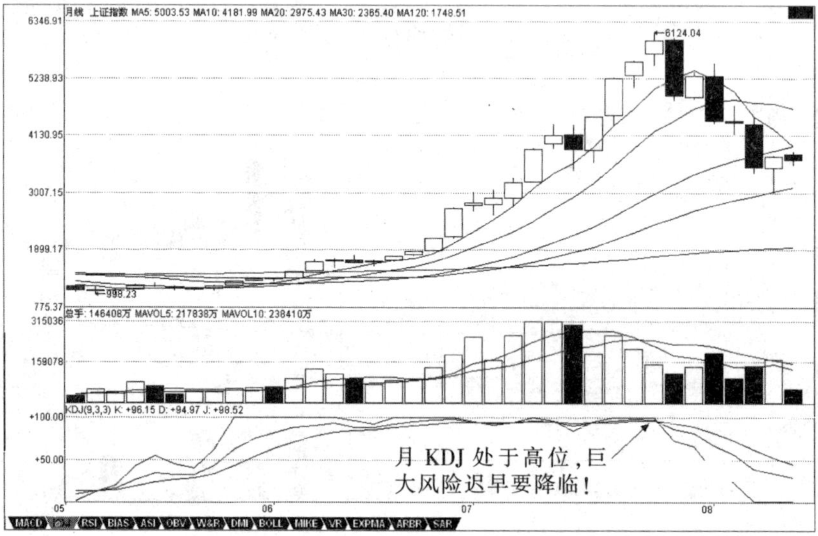

图 3-15 月线 KDJ 处于高位危险

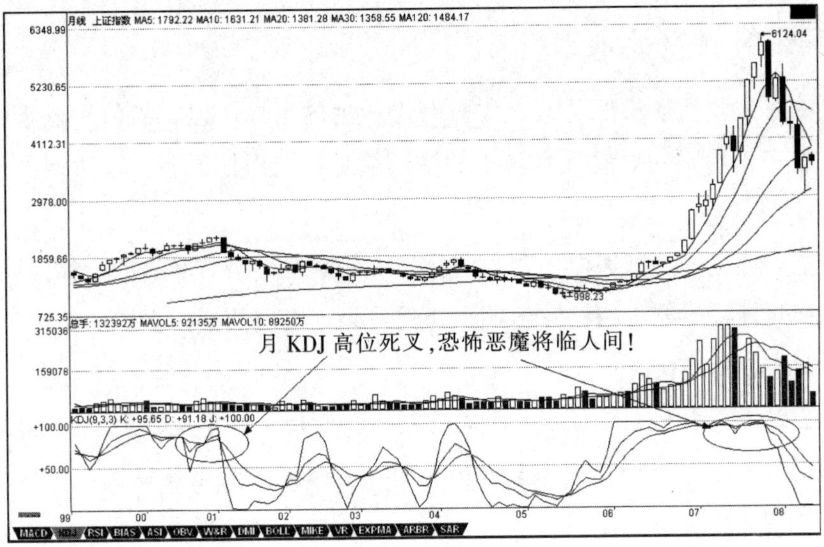

图 3–16　月 KDJ 高位死叉，死亡恶魔逼近

第三节　惊天逆转——RSI 指标

RSI，又称相对强弱指数，它的创立者韦弈达先生或许一般的投资者并不太熟悉。许多人天天在用 RSI，却恰恰不知道发明这个指标的鼻祖姓字名谁，这不得不说是一种可叹的荒诞吧。

有些人喜欢这个指标，是因为它简单明了，着实方便。也有人对它嗤之以鼻，不屑一顾，这也恰好反映了 RSI 指标在实战运用当中得手和失败的几率差不多是各半的现实缺陷。

但是不是这样，RSI 指标的实战作用就可有可无了呢？我想说的是，存在即是合理，RSI，以及任何一种技术指标均只是一种分析工具，能不能发挥巨大的临盘威力一切操之在己。

1. RSI 的缺点

相对强弱指数虽然是一个比较易于应用的指标，但它的信号过于强烈，投资者在使用它的时候最容易犯的错误就是见到指标示警就过早地出局(图3-17)。

这一缺点，在遭遇慢牛爬升的行情中暴露得是极其明显的。如果此时你还是坚定地按照 RSI 指标发出的预警信号执行卖出的话，唯一的结果就是踏空、踏空、再踏空。

所以说，用 RSI 做短线是不适合的。任何指标绝不是拿到手就可以随着性子胡乱使用，我们在选用某一指标时，必须先对其市场意义、优点缺点、适用范围、作战时机全盘作一个了解，之后才能“对症下药”，才能做到指哪打哪、一出手就赢的境界。

否则，用短线指标去做长线，用长线指标去玩短线，徒劳为券商打工，给庄家送钱。

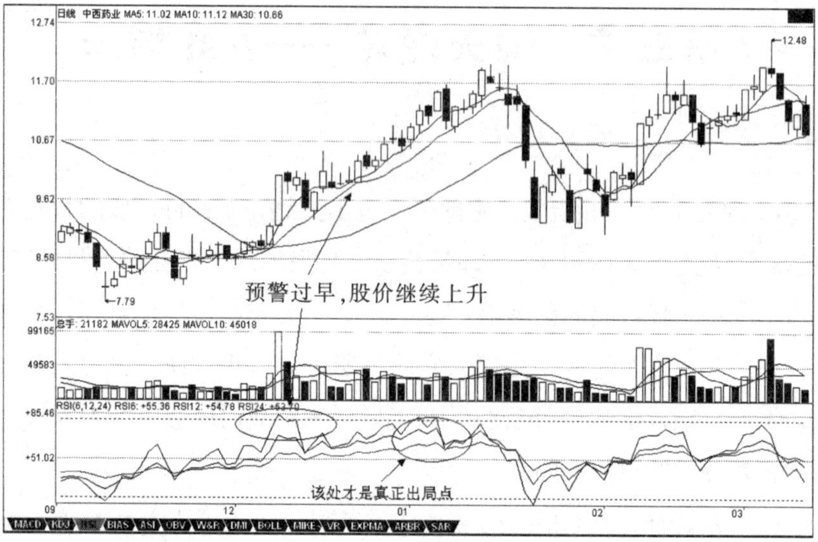

图 3-17　RSI 预警信号过早

2. RSI 的背驰现象

RSI 指标的强项是可以判断庄家出货的顶部，它往往会出现和形态相背驰的现象，即“顶背驰”。

所谓的顶背驰，就是指指数(股价)从前一个顶点继续上升并创出新高，而相对应的 RSI 指标的数值非但没有能创出新高点，反而却出现下降。顶背驰一般预示着上升态势即将终结并发生向下反转的信号(图 3-18)。

同样，RSI 也可用于判断行情见底的底部，它往往会出现和形态相背驰的现象，即“底背驰”。

所谓的底背驰，就是指指数(股价)从前一个顶点继续下跌并创出新低，而相对应的 RSI 指标的数值非但没有能创出新低点，反而却出现上升。底背驰一般预示着下降趋势即将终结并发生向上反转的信号(图 3-19)。

图 3-18 RSI 的顶背驰

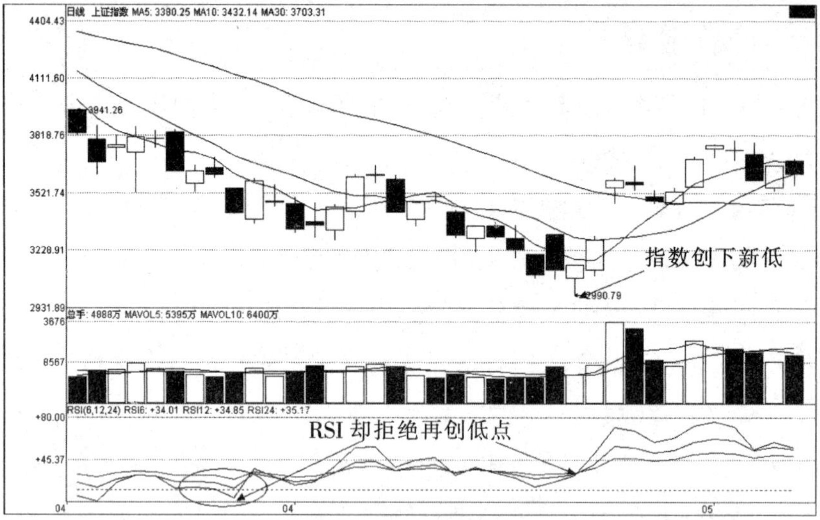

图 3-19 RSI 的底背驰

3. RSI 的强项是预测中期以上级别的反转

一般来说，一个 1 分钟级别的顶背驰，就意味着必然导致一个至少 1 分钟级别的盘整或下跌走势类型(底背驰同理)，这就为不同时间周期图表的背驰发生以后的可能走势以及不同级别给出了明确的划分。

RSI 的顶背驰形态或底背驰形态发生在大盘或个股的分钟类图表或日线图表中，其提示的仅是短线趋势将有一段转折，而该短线趋势所能延续的时间和空间在临盘具体操作实在也是较为难于把握的，实际意义不是很大或基本没有。

但是，一旦 RSI 的顶、底背驰形态发生在大盘或个股的周线图表中时，其对应提示的将是中期趋势的重大转折，同时其准确率相当之高(图 3-20)。请投资者务必对此技术图形给予高度的重视！

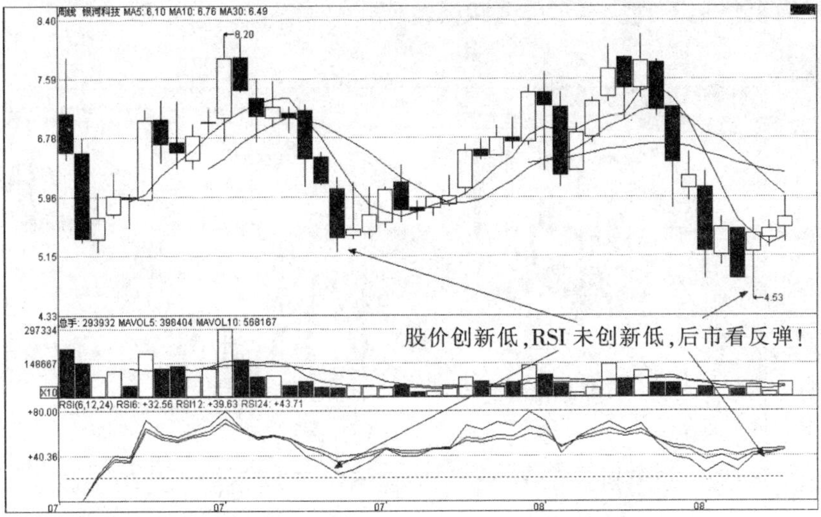

图 3–20 周线图表的 RSI 背驰，异常精确

第四节 游刃有余——BOLL

布林通道线(BOLL)是根据统计学中的标准差原理设计出来的一种相对比较实用的技术指标。参考布林线进行买卖，不仅能指示支持、压力位，显示超买、超卖区域，进而指示运行趋势，还能有效规避主力惯用的技术陷阱——诱多或诱空，短线操作的胜率远高于 MACD 等常用技术手段，尤其适用于波段操作。

布林通道是由上、中、下三条轨道线组成，多数情况下，价格总是在由上下轨道组成的带状区间中运行，且随价格的变化而自动调整轨道的位置。而带状的宽度可以看出价格变动的幅度，愈宽表示价格的变动愈大。布林通道线也根据价格所处于布林通道内的位置来评估走势的强弱。当价格线位于布林线中轨之上，趋势偏强，处于布林线中轨之下，则趋势看淡。布林通道的两极为上轨和下轨，表示极强和极弱(图 3-21)。

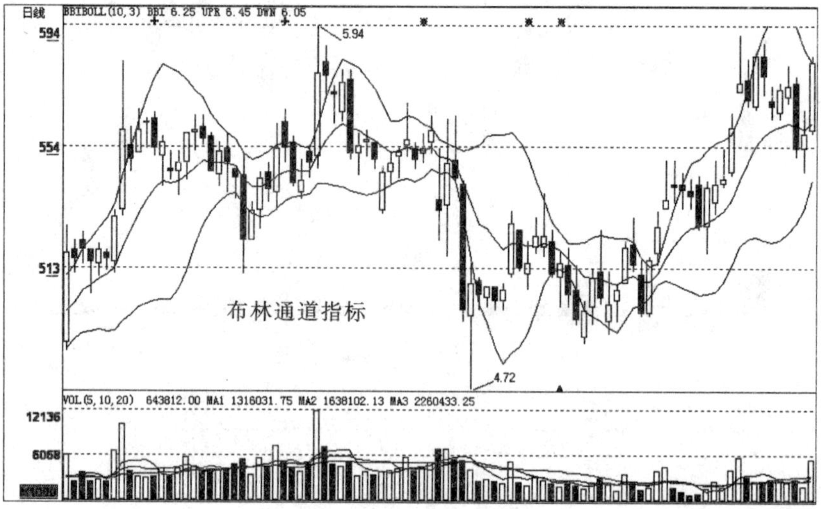

图 3-21　BOLL 指标

关于布林线的临盘使用方法有很多，但一般都是比较公式化的东西，在实战中很难有效地完成精准的短线进出和趋势判断。这或许也是大多数投资者虽然对 BOLL 指标耳熟能详，却始终没办法利用它建立一套适合自己的赢利系统的根本原因了。

没用的东西就不说了，本节只抓取 BOLL 指标的精髓并结合本人的实战经验作一个归纳。

BOLL 指标在实战中的运用：

(1)股价在中轨上方运行时属较安全状态，短线可持有观望。

(2)股价在中轨下方运行时属较危险状态，短线应趁反抽中轨线时离场。

(3)股价突破上轨线后，回探中轨线时不跌破中轨的，显示后市继续看涨。此时可持股或加仓。

(4)股价跌破下轨线后，回抽中轨线时不站回中轨以上的，显示后市继续看跌。此时要果断卖出。

(5)通道突然呈急剧变窄收拢形状时，显示股价方向将会发生重大转折。

这时应结合大盘行情，以及其他技术指标和图表系统的数据来综合判断，做出正确的临场抉择。

以上的1、2两点只是一个大致的认识，而3、4两点才是实战中最易碰到的实际情况。

股价因大幅上涨冲破上轨线后，一般均会有一个回探通道的确认过程，所以从短线而言，冲破上轨后就应该先行高抛卖出，而不用眼睁睁地等着它跌回中轨线。股价跌回通道到达中轨线后，如果获得支撑并且没有跌破中轨迹象时，可以再度进场进行第二轮的波段；一旦跌穿中轨，则采取观望并暂停操作(图3-22)。

击穿下轨线也是如此。跌破并大幅远离下轨线后其实并不用急着马上割肉离场，因为它同样也会有一个反抽中轨线的动作，要卖的话完全可以等到反抽之时视具体情况而定。股价反抽中轨线后如无法触及中轨或向上突破，应卖出(此时的价位肯定比跌破下轨线时更划算)；一旦反抽时能向上突破中轨线或直接稳稳站回的话，说明后续行情不会太坏，还有涨升的空间，这个时候就不用着急卖出(图3-23)。

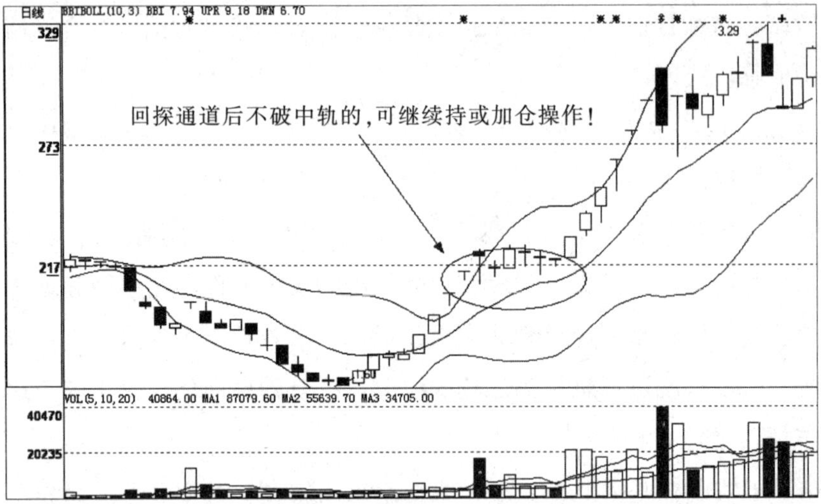

(a)

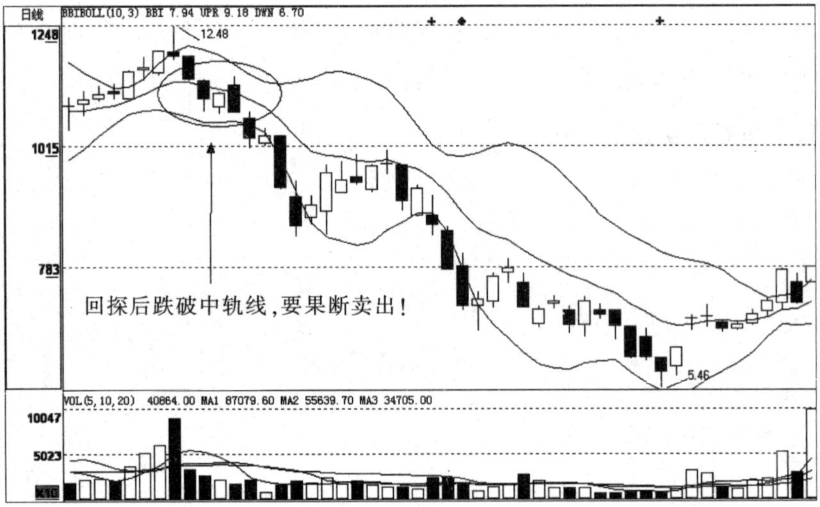

(b)

图 3-22　突破上轨后的研判

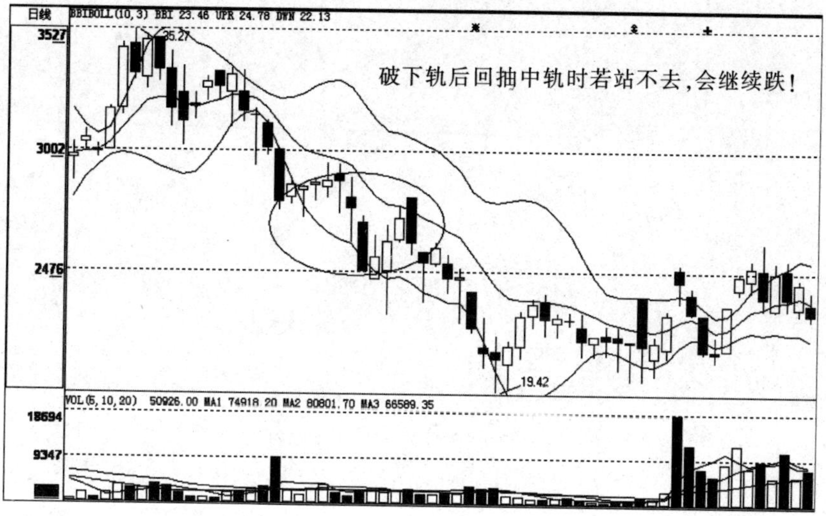

(a)

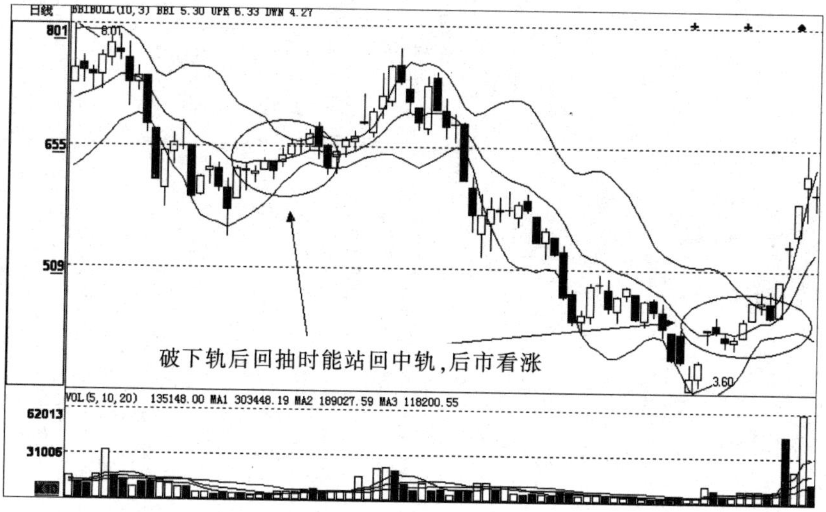

(b)

图 3-23　击穿下轨后的研判

第四章　盘口直击——实战图表分析

打开一幅K线图，成交量柱、成交均量线、K线、移动平均线，包括用F5切换到的分时图表，以及分时图表右侧所显示的诸如量比、换手率、内外盘、单笔即时成交价、单笔成交即时手数等等一系列图示和数据，我们都统称为图表技术系统。

图表系统中的所有标示和数据，可以单独地用于分析研判，但更多的时候则需要综合起来协同作战才能有效、精准地发挥作用。

相对于指标系统来讲，图表系统的重要性绝对是更胜一筹的。因为图表系统客观忠实地记录着每一天的开盘价、收盘价、最高价、最低价，以及盘口的即时变化、成交量的放出或缩减、资金的流入或流出，而指标系统只是根据图表系统给出的最终数据换算得出的这样或那样的技术线型。

一个是因，一个是果，两者的地位和区别千万不能混淆，千万不要主次颠倒了。绝对不要问出“指标已经严重超卖，股价怎么还不涨呢？”的傻话来。

有部分技术派人士往往被花里胡哨的各式技术指标所迷倒，一头扎进了死胡同，对表面朴实无华却恰恰重要得多的多的图表形态、图表数据过于轻慢了。该认知上的误区，直接影响到实战的投资收益，也严重妨碍了他们向更高技术层次的晋级。

但是，正所谓水无常型，图表系统的实战解析是较为复杂的。一个完全一样的初始图表形态，或者一组完全相同的图表数据，放在不同的阶段里其反映出的盘口语言及最终导出的胜负结果肯定也是不同的。

基础的东西肯定是要学的，但假定你是抱着死读书、读死书的态度去学，一是白白浪费时间，二是将导致投资亏损。

会做1+1=2，不等于你能搞定代数题；认识三角形、正方形，不等于你几何能考一百分，就是这个道理。

本书暂时只介绍几种典型、实用的图表实战狙击类型，帮助大家在最短的时间内最大限度地提高境界。至于更多的有关内容，我会放在《短线高手》之二的心理实战篇中一并详细讲解。

第一节　图表系统中存在的技术陷阱

1. 图表系统是“假货批发市场”

本章开头时曾提到图表技术系统的重要性。而在这里，则希望各位能搞清楚有关图表系统的另一方面的问题。

现如今这个世道，什么东西都能作假。吃的、喝的、用的、穿的，甚至女人的脸蛋和身材，全部可以人工打造、以假乱真。

股票市场中更是如此。一份图表系统中显示的内容，包括诸如K线、委比数据、内盘外盘数据、换手率等等，只要庄家愿意，均可通过自己买进自己抛出的筹码，或者自己抛出自己想买进的筹码，即通常所说的“对敲交易”来实现。

有句话叫“耳听为虚，眼见为实”，但在股票市场中，对不起，你亲眼看到的东西也未必是真的。

十赌九诈的的确确是万古不变的真理。股市庄家的这种把真假盘口信息混淆在一起的操作手法，使得投资者难以在临盘实战中轻易辨别出其实际买进、卖出的数量及真实意图，从而“理所当然”地出现巨幅亏损。

大家都知道分时图表中靠近右下方的即时成交手数图示，其中成交笔数显示为红色的，意为主动性买盘；其中成交笔数显示为绿色的，意为主动性卖盘。

这个总假不了了吧？这个能不能作假？我说，这个不仅能够作假，而且是每时每刻都在发生。

假设某只股票的庄家打算出货，而买一(25. 85元)上恰好出现了10万股“不知死活”的买单。庄家当然可以直接把货砸给这个买一，但这么做的话大手的卖单就将暴露在光天化日之下，绝对会影响跟风散户的信心并引起不必要的猜疑和警觉。

怎么做才能既出了这10万股同时又不显示大卖单呢？当然是盘口做假了。

首先，庄家会在目前的买一上面再堆砌几个买盘，使得之前的25.85元10万股的买盘隐藏掉(一般软件只显示5个价位的买盘情况)，然后再在卖一处挂上10万股卖盘，诸如26.00元。全部办妥后，利用数台电脑、多个账户同时操作的手段，快速卖出25.85元10万股，并随即向上买进26元100股，并在同一时间内撤掉先前自己挂出的卖一10万股中的剩余卖单。

由于成交的价格及时间优先顺序，加上电脑交易系统的识别问题，奇迹就这么发生了。以上的庄家操作步骤，在分时图上的显示结果将会成为：成交10万零几百股(加上主力自己堆上的买盘)，26元，主动性买盘！

明明是卖出10万股，转眼却做成了10万股的大买盘。散户们不会有任何的警觉和怀疑，反而会因这笔大买单而更加放心，更加踊跃地去跟进。只有一个人知道了整件事情的真相，就是那位挂出10万股25.85元买盘，现在已经“顺利成交”的仁兄。

各位看了以上的这个案例，或许多少会搞明白些平日里总也搞不清楚的东西。是的，我们可以完全肯定地说，图表系统中除了量比和均价线以外，庄家对所有的盘口数据均能作假，投资者必须时时设身处地地站在庄家的立场和角度上来全面思考一切的临盘问题，否则，未战而胜败已分。

2. 对专业高手来说，技术陷阱反而是赢钱法宝

盘面中的技术陷阱的确是触目惊心的，这点是事实。但是之所以告诉大家这些腻味之事，不是让大家产生惧怕或是因噎废食的心理，相反是希望各位能更好地发奋学习掌握并充分理解每个技术指标、图表形态、数据公式的市场意义、优点缺点、适用范围、作战时机，才能“艺术性”地看破盘面中一切的虚假现象。

更重要的一点在于，庄家的骗线、骗招，对于专业级短线高手来讲不仅没有任何麻烦，相反却是得以更方便快捷赚取利润的大大机会。

短线高手

相信部分朋友都爱玩足球，买过足彩，在足球博弈游戏中也同样存在着类似股市中的“价值投资”与“垃圾赛事”辩论。大多数人一般都热衷于下注在诸如英超、西甲、德甲等五大联赛的正统场次上，而对一些如英甲、意乙等不入流的二三线赛事避而远之、闻风丧胆。为什么？因为他们觉得那些垃圾赛事人为操控的因素太多，也就是通常人们所说的“假球”太多，稍不留神就会中招输钱。这样的态度，这样的认知，这样的玩家，两个字：业余。

正规赛事的确是很少有假球风波，但这么去玩不就等于在赌 50%的一半概率吗？玩和不玩，有什么差别？而假球泛滥的二三线场次虽然有假，但倘若你能有本事看穿这个“假”，那胜出概率将会是多少？很明显了，没有 100%，也有 99%。

专业级的投资选手，就是希望庄家出假、作假，他们绝不会把自己的全部身家押在那个看似公平却毫无意义的 50%概率上。他们追求的就是那种能人所不能，为人所不为，表面上兵行险招其实却奥妙无比的大赢家风范。

股票实战也是同样的道理。没有庄，股票就是死水一潭，何来赢利？庄家不作假，哪来的临盘决胜机会？谈何与庄共舞？

学技术，就是为了拿到与盘面中主力沟通的钥匙，你一旦真正掌握了、拿到了，你就会希望盘口越假越好，假招越多越好，因为如果没有锁眼的话，钥匙又怎么能够派上用场呢？

或许还是有些人不吃这一套，还是信奉所谓的公平，因此也就不愿意全面系统、踏踏实实地学习技术操作法门。对这样的人，做再多苦口婆心的规劝也属多余，进了股市却不懂技术的，无论盘面是真是假，他都是输。

再一次地强调：别把时间浪费在担心庄家的骗招上面，尽快配一把打开技术之门的钥匙才是你应该去做的事情。

第二节　庄家也有死穴

常常看到市面上不少股票书籍大写特写了一些如“战胜庄家”、“消灭庄家”之类的豪言壮语，仿佛散户只要读了他们写的书，就能在一夜之间拿庄家当主食，把机构当甜点了。

在此，我必须很严肃地先来明确一点：我们的任务是跟庄，即瞄准庄家，了解庄家，与庄为伍，与庄共舞。庄家是市场中的绝对主力部队，其资金雄厚，信息通畅，军纪严明，技高一筹，完全有能力将散户股民玩弄于股掌之间。任何妄言要战胜庄家，消灭庄家的人，都是无知和愚蠢的，也是不切实际的。

庄家当然也有败走麦城的时候，但他们的失败，要么是天资鲁钝自己出了错，要么就是逆势操作被市场给教训了，唯独不存在被散户干掉的可能。

做人要厚道，做人要实在，我们不是要赢庄、杀庄，我们只能谦虚务实地跟庄。能有跟庄的本事，就已经是阿弥陀佛了。

而跟庄的方法和窍门有很多，一般有两大类。

一种是明跟。明跟，就是过滤掉盘口中庄家施放出的一切烟幕弹，包括什么技术骗线、虚假指标和图表数据以及基本面上的假消息，而直接对准庄家的死穴下手。

另一种是暗跟。暗跟，就是利用庄家施放出的一切技术骗线、虚假指标和图表数据以及基本面上的假消息来进行心理角逐，将计就计、大智若愚地去和庄家玩游戏(当然，这类跟盘技法更多地涉及心理学层面上的东西，由于本书的篇幅和时间问题，暂不作展开讨论了，我会在《短线高手》之二的心理实战篇中为大家阐述)。

那么，我们就先讲明跟。

短线高手

之前我们都已经了解过了，庄家主力除了骗术高明以外，他们的真实战力同样也是不容小觑的，即便他们在操盘时不用任何鬼蜮伎俩也完全有能力硬碰硬地搞定我们散户。

那么他们是不是就不可战胜，毫无破绽了呢？

在上一节中，我曾写过这样一句话：图表系统中除了量比和均价线以外，庄家对所有的盘口数据均能作假，投资者必须时时设身处地地站在庄家的立场和角度上来全面思考一切的临盘问题，否则，未战却胜败已分——答案就在里面了。

"价"和"量"就是天底下所有庄家做盘时的软肋和死穴！如果说庄家还有什么东西是不太容易作假的，还具有那么一点真实性的，唯有"价"和"量"。

因为，他们再怎么玩花招，总归不会把10块买进的货砸到2块一股去！他们再怎么精于掩饰，那实打实的巨额吞吐量总会在盘口中掀起波澜！

有人或许会说庄家的量里会有对敲成分，也靠不住。靠不住？非也非也。其一，庄家没有那个闲功夫天天对敲，敲个没完，庄家不是火星人，他也会累；其二，对敲，至少说明庄家还在，庄家既然还在敲，他就不会平白无故地把交易费往水里扔，他自有敲的道理和意图，他敲出来的也是宝贵的盘口信息；三，对敲盘说到底也是庄家在买进或卖出，用意上的虚实暂不去讨论，但这个量的的确确应该划分到庄家的巨额吞吐之中。

作为一个优秀的实战高手，必须对事物的内因和外因、主要和次要、必然和偶然有一个深刻的把握，虽然这些东西表面上看来比较模糊和难于理解。

说实话，能精通技术指标的人的确可以成为短线高手，但真正工于算计的顶尖大师往往更喜欢直接向庄家的死穴里插刀。打开任何一张K线图谱，其中的量价形态配合早已将庄家主力的意图赤裸裸地暴露在光天化日之下了。

只要你花心思读懂，就可以捡钱。

第三节　成交量变化的实战判定

1. 成交量要活学，更要活用

关于成交量，市场中较为普遍的认知是，当价格上涨时，成交量放大被看做是收集的力量；当价格下跌时，成交量放大被看做是派发的力量。所以，一般投资者看到大盘或某只股票放大量向上攻击了，就认为是好事，后续接着看涨；而一旦大盘或某只股票放大量杀跌了，就认为是坏事，后续接着看淡。

但事实上，以上的观点是不严谨而片面的，老的经验，老的观点，并不会一直管用。更多的时候，恰恰是放量下跌才是好事，缩量上攻才更安全。

价格下跌，成交量放出，后市不要悲观，反倒有上涨的希望。原因是下跌过程中散户最容易心生恐惧，纷纷斩仓出逃，此时放量就说明散户在卖，但同时也有某股力量在买，在吸纳。既然敢于逆势操作的就决非是一般人，他们往往是对后市有一定把握的机构主力(图 4-1)。

上攻时的缩量，从专业角度来看其实也是好现象，它从一定程度上说明了主力的控盘锁仓性高，盘面中暂无大资金出场溃逃(图 4-2)。

国内有不在少数的股评家动不动就以“放量上涨，有望继续盘升”或“缩量调整，后市将反弹”的论调来误导投资者，据我看并非是他们有意为之，而恰有可能是他们本身的专业水平低下所造成的。

大家不要不信，目前我国证券界从业人员的素质普遍业余和低下是一个不争的事实，所以，那些长期在他们影响和“熏陶”下的散户股民的投资收益率“长期稳定地保持着惨不忍睹的状态”也就毫不出奇了。

成交量的突然放大或缩小，在每个阶段、不同的指数位置甚至和不同类型的 K 线组合配合，其实战意义都是有着不同解释的，我们要做的绝不是死

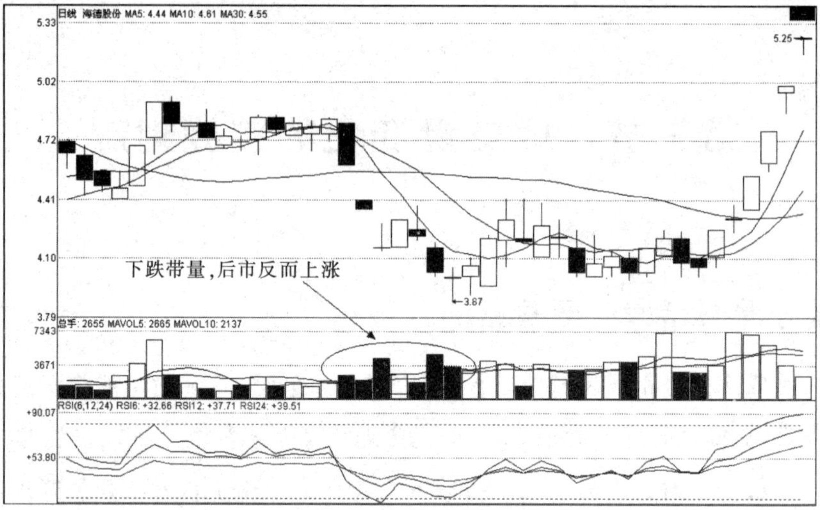

图 4–1　下跌放量，后市反而上涨

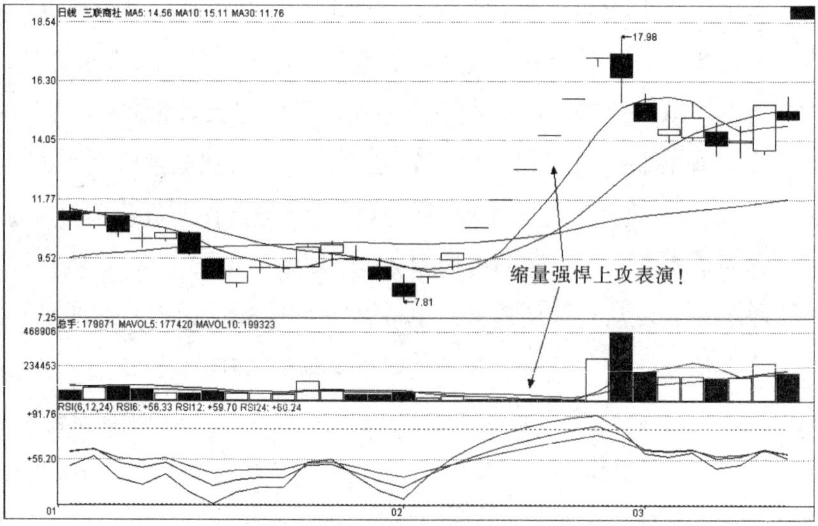

图 4–2　连续缩量的强悍上攻表演

板地按照条条框框去生搬硬套，而是应该随时根据量能异动的背景、环境，多站在庄家的立场上去揣摩，去思考，去斗智斗勇。

这点，在不久后股指期货以及融资融券等项目正式推出来以后，更需注意。一旦卖空机制得以实现，以往的关于成交量判断上的教条和准则，必须在头脑中做一次彻底全面的清洗和调整。

2. 成交量在顶、底的常规认定

成交量在局部战役中的判定一定要灵活运用、区别对待，但是，在相对的顶部区域或底部区域，成交量是有其常规法则的。

至于顶部区域和底部区域的具体判断，当然不是简单地仅凭指数或股价的高低来下结论的。高与低都是相对而言的，不同的背景、不同的参照，以前的“高”会转化成现在的“低”，以往的“低”也能变成现时的“高”，不一而足。该点，本书就暂不作进一步的展开了，我们只讨论已经明确了的“顶”和“底”。

(1)顶部的放量，是绝对的危险信号。

在一轮上涨行情的末期见顶阶段，通常会伴随着成交量更大幅度放出的现象，此阶段的放量，可能是某几个交易日的异动，也有可能是一个阶段性的过程。我们认为，只要是在一个相对的高位明显放量，均是离场出局的预警信号(图 4-3)。

如果各位还能回忆起历次顶部情形的话，应该能清楚地记得这么一种特定的滑稽现象。那个时候，是不是每当一收盘后，股评中、电视中提得最多的话就是诸如“又创下了多少多少亿的成交量”，“成交量再创新高”，“市场做多热情高涨”，“主力做多意愿明显”，等等？在顶部，没人去谈技术指标，没人去看 K 线形态，谈的最热烈的就是今天的量盖过了昨天的量，仿佛只要量大，就是市场资金充沛，甚至到了哪天要是量放得不大了，反倒是后市无力的征兆了。

散户就在这样的氛围中被唬得一愣一愣的，成群结队地往里扑……结果呢？结果就不用我说了吧。

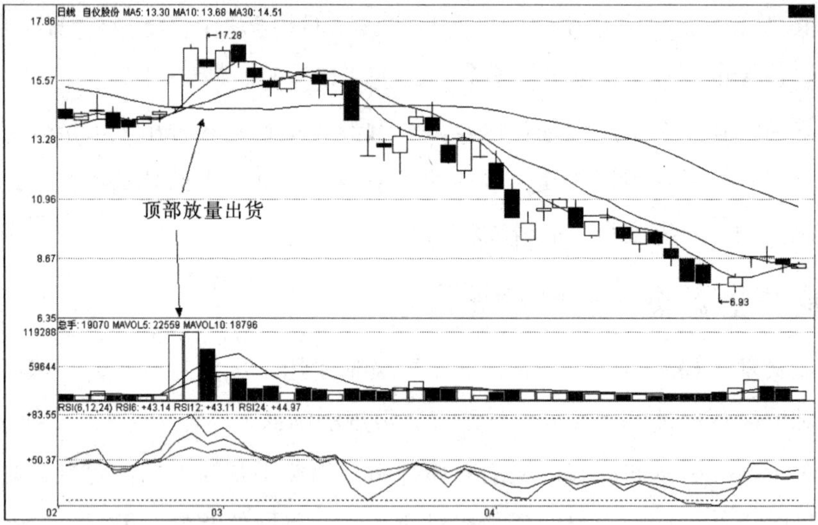

图 4–3　顶部放量

高位区的放量，99%是主力在出货而导致。不管电视上、报纸上的股评怎么去吹，怎么去造势，也不管那时的短线利润是如何地充满诱惑让你流连忘返，请各位在日后再次碰上的时候务必及时地去洗把冷水脸清醒清醒，不要再被糊弄进去接班站岗了。

所谓的“成交量要维持在多少多少亿才能确保上升格局”，所谓的“中国股市是资金推动型”的口号，都是屁话，或者说是用来帮助主力出货而蒙蔽散户的鬼话。

根据以上论点，我们也可以衍生出这么个结论：只要不放量的，就不会是顶(该点是临盘窍门，重要！)

(2)不放量，难言底。

很多人有这么个认识上的误区，认为“地量后见地价”，言下之意就是底部是要缩量的，放量的话就表明依然有人在出货派发，就不是底。

其实，这是典型的一知半解。

底部，不论是局部性底或者是阶段性大底，顾名思义就是历经了或长或短、或浅或深的一轮下跌并逐渐企稳后才形成的。而下跌过程中成交量能的变化通常都是按照放大→缩小→再放大的态势完成的。

下跌初期成交量的放大是因为暴跌刚刚发生时，市场内散户因莫名的恐慌而争相夺路狂奔，赢利兑现的有之，斩仓割肉的有之，保本出局的有之，总之是一片多杀多的惨烈景象。该阶段的成交量明显放大是主要特征之一。

而下跌到中期阶段，该逃命该自杀的都已经操作了断完毕，场内只有些许散兵游勇仍在搞零星的抢反弹行动，大部分的机构和散户则采取了谨慎观望的态度，从而造成了买进力量极其薄弱，稍有卖盘沽压，股价就呈自由落体状自行滑落。该阶段的主要特征是连绵缩量阴跌为主，偶尔夹杂着毫无来由的缩量大跌。

下跌末期，散户的信心大多降至冰点，买进的意识基本为零，相反，只要稍有风吹草动，那颗本已脆弱不堪的心就极易产生挥泪告别股市的悲壮性冲动情绪。而该阶段，恰恰是主力庄家，包括一小部分有着战略性眼光的散户秘密建仓的大好时机，盘面中会经常出现脉冲式短促攻击，成交量也会逐渐温和地放大。

下跌末期的成交放大是由于做多力量的再度进场，以及场内最最顽固的一批筹码出现松动，相互换手所掀起的波澜，这是杀跌能否真正企稳、底部能否有效形成的内在机理。

下跌过程中，只要继续保持缩量，那就肯定会接着阴跌，哪怕出现短暂的反弹，也绝不会是真正的底。真正的底部，百分百会伴随着成交量逐级放大的迹象，绝无例外(图 4-4～4-5)。

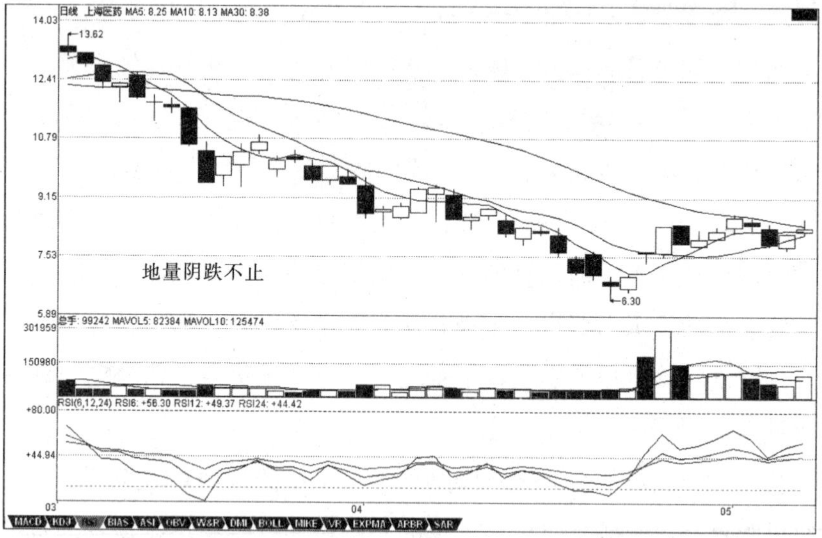

图 4-4 地量后继续阴跌

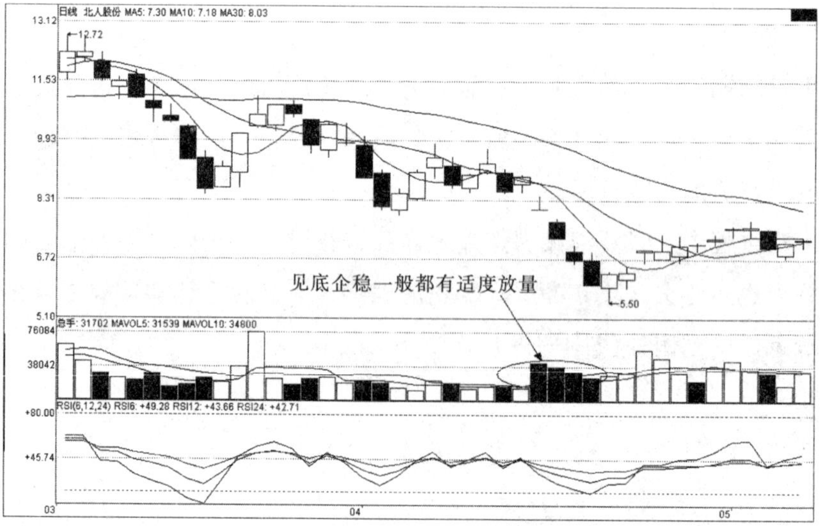

图 4-5 底部一定伴随着温和放量

第四节　捕捉异动黑马——量比排查法

1. 如何实时捕捉盘面中的异动

盘面中出现的异常动静或是异常动作，我们称之为“异动”。一只股票只要出现了盘中异动，那么我们就可以完全确定一点：庄家尚在其中。不论庄家蛰伏在里面想干什么，只要它还没撤，短线上就铁定有赢利的机会。

也许有人会吐吐苦水了，一般人看盘时就一双眼睛，一台电脑，大多数人看盘时更是只看自己持有或准备买进的股票走势图，别的股票根本就无暇关照，那又怎么去发现这一大堆股票中的异动情况？那又如何做到了解全盘情况，或至少是大致的情况呢？

最笨最简单的方法是，在看你自己手头上股票的同时，经常地、不时地轮流把所有股票的分时图翻一翻，看看线型上、成交量上是否出现明显的、一眼就能发觉的异常迹象。不要怕烦、不要怕累，想赚钱，想从庄家碗里分一杯羹，必要的付出是需要的。

当然也有小窍门。上海的 81、深圳的 83 龙虎排行榜，是当天两市中最最强势的股票，最最疲软的股票，以及成交量、成交金额、量比、振幅等等指标最异常另类的股票的集中地所在。当日盘中能够进入该两个榜单的股票，必定有其异乎寻常的表现和原因才得以入选。经常打开“81”、“83”，对其中股票保持关注，也是发现盘中机会的一种快捷简便的方法(图 4-6)。

看盘，就是看盘中的异动，而绝不是傻乎乎、直愣愣地只盯着自己买进的股票那样简单。

今日涨幅排名				快速涨幅排名		周期: 5分钟		即时委比前几名			
600750	红阳能源	12.05	+10.05%	600272	开开实业	8.51	+3.28%	600468	百利电气	10.89	+100.00%
600869	三普药业	12.50	+10.04%	600498	烽火通信	14.77	+1.86%	600444	国通管业	19.78	+100.00%
600885	力诺太阳	16.67	+10.03%	600345	长江通信	10.54	+1.84%	600885	力诺太阳	16.67	+100.00%
600253	天方药业	6.91	+10.03%	600796	钱江生化	7.89	+1.81%	600481	双良股份	11.15	+100.00%
600239	云南城投	22.61	+10.02%	600532	华阳科技	8.14	+1.75%	600556	*ST北生	7.47	+100.00%
600819	耀皮玻璃	9.55	+10.02%	600579	*ST黄海	5.34	+1.71%	600869	三普药业	12.50	+100.00%
600848	自仪股份	9.89	+10.01%	600850	华东电脑	7.48	+1.49%	600487	亨通光电	17.16	+100.00%
600444	国通管业	19.78	+10.01%	601628	中国人寿	33.43	+1.30%	600381	*ST贤成	8.83	+100.00%
今日跌幅排名				快速跌幅排名		周期: 5分钟		即时委比后几名			
600623	双钱股份	9.24	-8.33%	600695	ST大江	6.64	-2.50%	600372	昌河股份	5.23	-100.00%
600302	标准股份	7.06	-7.11%	600315	上海家化	38.55	-1.15%	600466	*ST迪康	8.19	-100.00%
600255	鑫科材料	8.02	-6.64%	600241	辽宁时代	9.00	-1.10%	600076	ST华光	5.93	-100.00%
600837	海通证券	53.68	-6.50%	600608	*ST沪科	4.81	-1.03%	600716	*ST耀华	7.97	-100.00%
600969	郴电国际	7.06	-6.24%	600719	大连热电	8.27	-0.96%	600771	ST东盛	7.41	-100.00%
600687	华盛达	10.86	-5.65%	600837	海通证券	53.68	-0.94%	600817	ST宏盛	5.79	-100.00%
600446	金证股份	10.10	-5.61%	600275	*ST昌鱼	4.61	-0.86%	600195	中牧股份	19.98	-97.35%
600383	金地集团	13.28	-5.41%	600970	中材国际	69.92	-0.75%	600325	华发股份	19.90	-95.69%
今日震幅排名				今日量比排名				今日成交额排名			
600640	中卫国脉	8.49	18.06%	600885	力诺太阳	16.67	9.88	600030	中信证券	36.93	550,233
600552	方兴科技	11.10	12.14%	600129	太极集团	13.16	9.61	600050	中国联通	9.92	306,020
600468	百利电气	10.89	12.12%	600213	亚星客车	6.32	6.67	600036	招商银行	31.26	284,845
600819	耀皮玻璃	9.55	12.10%	600866	星湖科技	5.36	5.51	601318	中国平安	64.08	259,059
600481	双良股份	11.15	11.74%	600692	亚通股份	8.15	5.34	600000	浦发银行	28.08	210,794
600649	原水股份	15.32	11.69%	600076	ST华光	5.93	5.10	601898	中煤能源	20.10	183,245
600071	凤凰光学	7.14	11.54%	600556	*ST北生	7.47	5.06	600019	宝钢股份	13.80	182,684
600979	广安爱众	7.03	11.25%	600733	S前锋	23.46	4.39	601899	紫金矿业	10.74	166,466

图 4-6　龙虎排行榜是异动股的集中地

2. 技术依据和适用范围

大家或许已经知道，虽然庄家的各式骗招都是极为高明的，但同样存在着技术盲点，这个盲点就是成交量。成交量是他们最最不易作假的地方，堪称庄家的软肋和死穴，也就是说，但凡某一只股票的成交量上出现了异动情况，就很有可能是庄家正在贯彻着真正的战略部署和操作意图。人分三六九等，盘口异动同样也有重要和次要的区别，在庄家的死穴——“量”和股票运行的最基本体现——“价”这两者之间所反映出来的异常迹象，乃是所有盘口异动类别中最最具备实战狙击价值的。

本节就将为大家介绍一个专门探测量价异动现象的实战武器——量比排查法。

单日盘口中的成交量异动造成的只是瞬间的震撼感，很多人在发生之际会引起高度关注，甚至会激动莫名，但一切归于平静后往往就会淡忘，所以说，利用某个专业指标来系统地、阶段性地观测较长一段时期内的量价异动就尤为必要了。这个指标就是“量比”。

市面上几乎所有的股票分析软件都有量比排行榜，能进入第一页内的股票都是当日成交量表现最抢眼的非常态个股。投资者如能坚持不懈地对其中的股票巧加琢磨研究，在心里多问几个为什么，你就会发现其实赚钱并不是如想象中那样难。颜如玉、黄金屋全都在里面(图 4-7)。

序号	股票名称*	成交价	涨跌	总手	现手	最高价	最低价	买入价	卖出价	涨跌幅%	今开盘	代码	昨收盘	量比
1	国电CWB1	3960	▲0375	11805322	7222	4242	3781	3970	3978	10.46	3950	580022	3585	74.43
2	南航JTP1*	0331	▲0005	28092928	6552	0418	0305	0326	0327	1.53	0326	580989	0326	1.74
3	金杯汽车	597	▲023	346797	0	631	588	597	598	4.01	631	600609	574	7.95
4	华纺股份	472	▼010	210421	65	524	470	471	472	-2.07	502	600448	482	6.14
5	四川路桥	1006	▼109	945623	0	1197	1004	1004	1005	-9.78	1197	600039	1115	5.98
6	华胜天成	1477	▲134	157314	43	1477	1328	1476	1477	9.98	1328	600410	1343	5.50
7	动力源	906	▲082	235373	14	906	782	906	-	9.95	829	600405	824	5.32
8	华立科技*	1587	▼169	97165	0	1785	1580	1589	1590	-9.62	1785	600097	1756	4.92
9	亨通光电*	1697	▲154	123803	10	1697	1480	1697	-	9.98	1543	600487	1543	4.75
10	中天科技*	1283	▲055	175689	418	1351	1182	1280	1283	4.48	1218	600522	1228	4.61
11	上海贝岭	700	▲064	253893	10	700	622	700	-	10.06	634	600171	636	4.40
12	浙江东方*	857	▲056	155294	121	880	808	857	858	6.99	809	600120	801	4.16
13	红星发展	1180	▲097	152902	438	1191	1083	1184	1185	8.96	1095	600367	1083	4.16
14	石化CWB1	1773	▲0017	36494272	6813	1829	1756	1774	1775	0.97	1762	580019	1756	1.33
15	南京熊猫*	1026	▲093	109509	9	1026	910	1026	-	9.97	920	600775	933	3.70
16	耀皮玻璃	933	▲023	56333	20	965	910	930	933	2.53	955	600819	910	3.50
17	航天信息*	2898	▲168	36278	12	2908	2718	2900	2902	6.15	2719	600271	2730	3.48
18	永鼎股份*	793	▲071	71127	138	794	701	790	792	9.83	722	600105	722	3.47
19	欣网视讯	879	▲080	57914	8	879	765	879	-	10.01	800	600403	799	3.44
20	上海普天	1373	▲125	43064	50	1373	1201	1373	-	10.02	1240	600680	1248	3.31
21	精伦电子	619	▲056	69479	6	619	545	619	-	9.95	561	600355	563	3.24
22	湘邮科技	906	▲066	68967	0	915	801	903	905	7.86	819	600476	840	3.23
23	华芳纺织	589	▼016	91018	205	641	575	589	590	-2.64	622	600273	605	3.14
24	联创光电	769	▲056	155160	0	784	681	768	770	7.85	708	600363	713	3.04
25	兆维科技	702	▲023	95631	0	733	627	703	706	3.39	661	600658	679	2.96
26	中卫国脉*	879	▲080	100200	5	879	780	879	-	10.01	790	600640	799	2.89
27	雷鸣科化	1148	▲033	63898	15	1160	1062	1147	1149	2.96	1125	600985	1115	2.85
28	贵绳股份	871	▲021	111766	85	925	855	871	872	2.47	860	600992	850	2.84
29	N赛马	1467	▼124	53211	11	1528	1458	1469	1470	-7.79	1502	600449	1591	2.82

上证A股▼ 深证A股▼ 上证基金▼ 自选1 ▼ 工程建筑▼ 安徽 ▼ H股 ▼ 所有权证▼

图 4-7　量比排行榜

另外需要提醒大家注意的是量比排查法的适用范围。量比排查法的适用范围是在一轮行情的下跌阶段中，或者是一轮下跌行情结束后的筑底盘整阶段。

在下跌行情中或一轮大跌刚刚结束后，所有的获利盘、割肉盘早就悉数黯然离场，少部分深度套牢筹码根本也已经动弹不得。而由于大幅杀跌更使得各周期技术指标及均线系统变得极其难看，一般人是绝没有胆量和心情在此时进场大手笔买进股票的。如此惨淡萧条的市场背景之下，只要某只股票能在成交量上泛起波澜，试问是谁在默默吸纳？除了庄家之外谁又会有这样的底气和霸气呢？

当然，偶尔也会有极少数先知先觉的大户和一些“财胆包天”的散户先于普通人一步动手，但一来凭他们的资金量不太可能造成盘面中明显的异动，二来是即便能溅起水花，也不可能形成持续性。

至于该方法不适用于行情的上涨阶段或构筑头部阶段的内在道理就暂不赘述了，仅从最简单的角度来看，一波行情的主升浪当中，过分苛求投资者的临战技巧意义并不大，因为其时所有的股票都在涨，只是涨多和涨少、赚多和赚少的区别，在人人都能号称股神、条条大路都通罗马的时候，高超技法和低劣技法的界线并不明显。在构筑头部的阶段就更无须多言了，此时你应该多想想怎样尽快逃命以求全身而退，山顶上是不会有黑马的。

反过来看，量比排查法能很好地适用在下跌行情以及下跌结束后的盘整行情中的这一特性，恰恰也体现了它的卓然优越性。因为在这个能够将“牛市股神”轻易打回原形、高手低手胜负立判的阶段正是赚钱最难的赢利真空期，此时若有一技傍身，就能真正达到熊市中照样稳定获利的高手境界。

3. 量比排查法的运用及技术要领

具体的临盘运用有以下步骤：

第一步，在每天收盘后打开量比排行榜，将榜单中量比排名前 10 位的股票记录下来。连续记录两周(10 个交易日)后将数据汇总，初步挑选出至少有 7 个交易日均能进榜的目标股，例如，A 股、B 股、C 股(图 4-8)。

序号	股票名称*	成交价	涨跌	总手	现手	最高价	最低价	买入价	卖出价	涨跌幅%	今开盘	代码	昨收盘	量比
1	国电CWB1	3960	▲0375	11805322	7222	4242	3781	3970	3978	10.46	3950	580022	3585	74.43
2	南航JTP1*	0331	▲0005	28092928	6552	0418	0305	0326	0327	1.53	0326	580989	0326	1.74
3	金杯汽车	597	▲023	346797	0	631	588	597	598	4.01	631	600609	574	7.95
4	华纺股份	472	▼010	210421	65	524	470	471	472	-2.07	502	600448	482	6.19
5	四川路桥	1006	▼109	945623	0	1197	1004	1004	1005	-9.78	1197	600039	1115	5.98
6	华胜天成	1477	▲134	157314	43	1477	1328	1476	1477	9.98	1328	600410	1343	5.50
7	动力源	906	▲082	235373	14	906	782	906	-	9.95	829	600405	824	5.32
8	华立科技*	1587	▼169	97165	0	1785	1580	1589	1590	-9.62	1785	600097	1756	4.92
9	亨通光电*	1697	▲154	123803	10	1697	1480	1697	-	9.98	1543	600487	1543	4.75
10	中天科技*	1283	▲055	175689	418	1351	1182	1280	1283	4.48	1218	600522	1228	4.61
11	上海贝岭	700	▲064	253893	10	700	622	700	-	10.06	634	600171	636	4.46
12	浙江东方*	857	▲056	155294	121	880	808	857	858	6.99	809	600120	801	4.16
13	红星发展	1180	▲097	152902	438	1191	1083	1184	1185	8.96	1095	600367	1083	4.16
14	石化CWB1	1773	▲0017	36494272	6813	1829	1756	1774	1775	0.97	1762	580019	1756	1.33
15	南京熊猫*	1026	▲093	109509	9	1026	910	1026	-	9.97	920	600775	933	3.70
16	耀皮玻璃	933	▲023	56333	20	965	910	930	933	2.53	955	600819	910	3.56
17	航天信息*	2898	▲168	36278	12	2908	2718	2900	2902	6.15	2719	600271	2730	3.48
18	永鼎股份*	793	▲071	71127	138	794	701	790	792	9.83	722	600105	722	3.47
19	欣网视讯	879	▲080	57914	8	879	765	879	-	10.01	800	600403	799	3.44
20	上海普天	1373	▲125	43064	50	1373	1201	1373	-	10.02	1240	600680	1248	3.31
21	精伦电子	619	▲056	69479	6	619	545	619	-	9.95	561	600355	563	3.24
22	湘邮科技	906	▲066	68967	0	915	801	903	905	7.86	819	600476	840	3.23
23	华芳纺织	589	▼016	91018	205	641	575	589	590	-2.64	622	600273	605	3.14
24	联创光电	769	▲056	155160	0	784	681	768	770	7.85	708	600363	713	3.04
25	兆维科技	702	▲023	95631	0	733	627	703	706	3.39	661	600658	679	2.96
26	中卫国脉*	879	▲080	100200	5	879	780	879	-	10.01	790	600640	799	2.89
27	雷鸣科化	1148	▲033	63898	15	1160	1062	1147	1149	2.96	1125	600985	1115	2.88
28	贵绳股份	871	▲021	111766	85	925	855	871	872	2.47	860	600992	850	2.84
29	N赛马	1467	▼124	53211	11	1528	1458	1469	1470	-7.79	1502	600449	1591	2.82

上证A股▼ 深证A股▼ 上证基金▼ 自选1 ▼ 工程建筑▼ 安徽 ▼ H股 ▼ 所有权证▼

图 4-8　量比榜单前 10 名

第二步，分别打开 A、B、C 股的月 K 线图表，进行第二步筛选。将月 KDJ 指标 J 值探底呈负值且近期至少已经是两次探底的目标股留下，不满足条件的则立即淘汰出局。例如，第二步确认后留下了 A 股、C 股(图 4-9～4-10)。

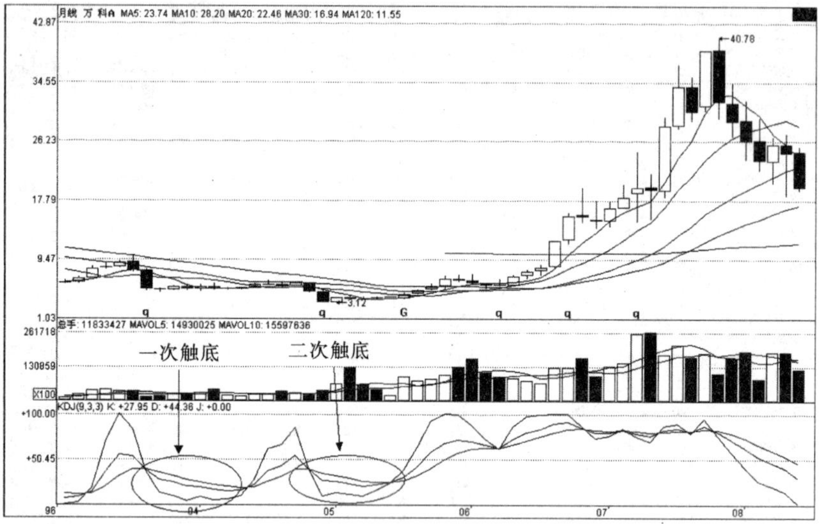

图 4-9 月线 J 值的两次探底形态

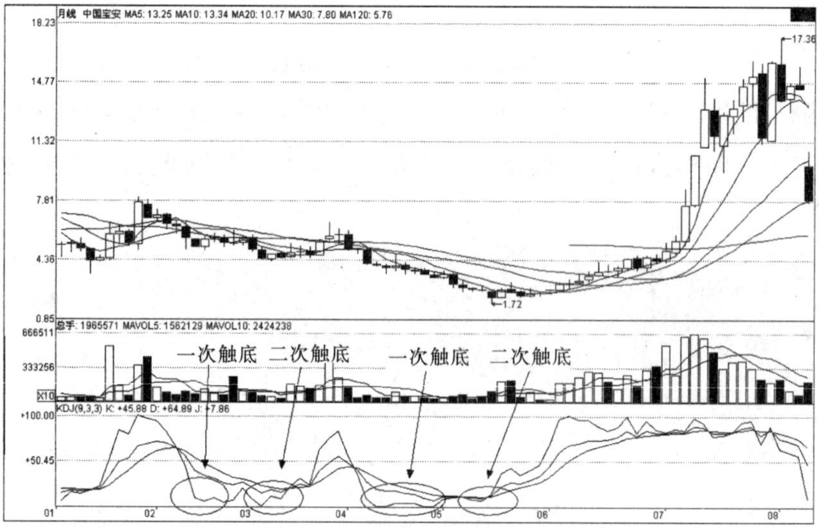

图 4-10 月线 J 值的两次探底

第三步，打开 A、C 股的周 K 线图表，对其周 KDJ 指标的形态进行研判，作最后一次筛选。将周 KDJ 在 20 低位以下形成金叉或即将形成金叉态势的目标股留下，不满足条件的剔除出局。例如，第三步确认后留下 C 股(图 4-11)。

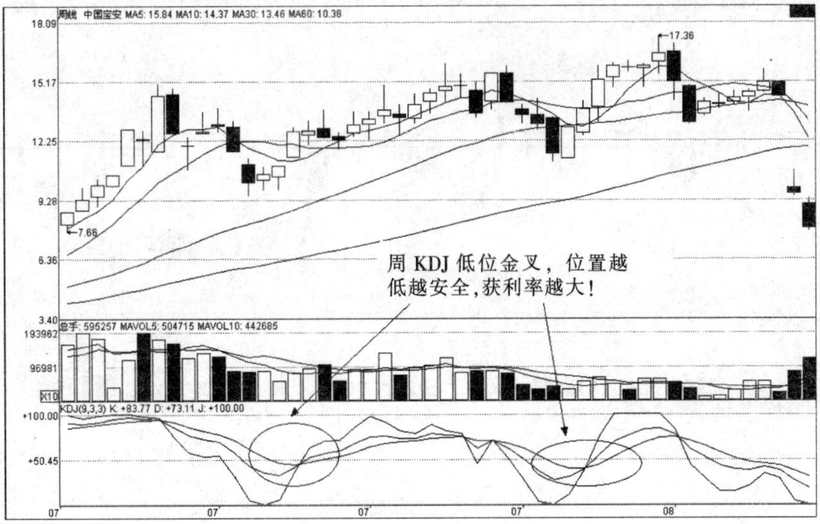

图 4–11　周线 KDJ 低位金叉

最后，经过了三个步骤的专业化严格筛选，你所留下的 C 目标股就是在不景气行情下依然能为你获取赢利的好股票。一旦下跌行情彻底结束，牛市主升浪正式展开后，它更有可能会成为爆发性的翻番大黑马。临盘只需按照日线图表的常规技术买点来进行建仓操作即可。

该实战技法是在熊市或牛市下跌阶段中捕捉战机的快捷技巧之一，其通过三个专业化步骤的层层筛选，加之最后利用常规严谨的短线临盘买点建仓进入，从最大程度上避免了不可预测的风险，在稳中求稳的基础上精选出强中之强，短线获利率一般均达 20%以上(图 4-12)。

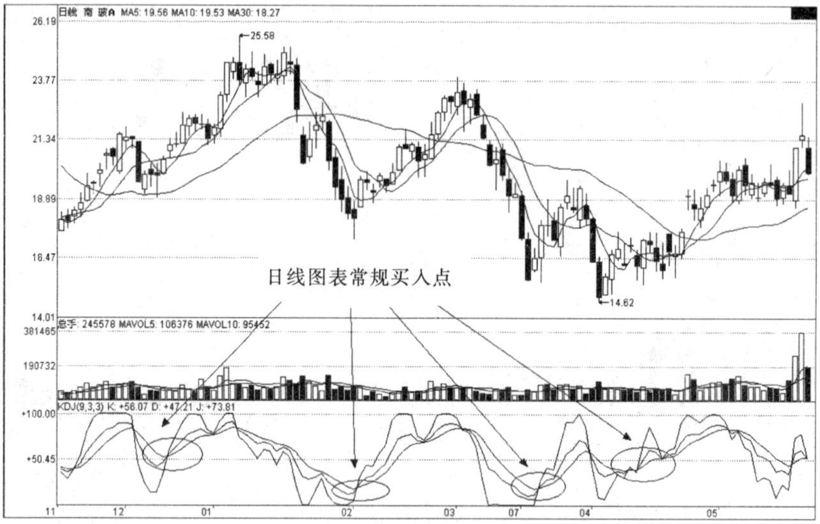

图 4-12　按日线图表系统的常规买点建仓

第五节　特别杀招——放量长阴回调狙击法

该短线狙击技法是针对某一特定 K 线组合形态的经典实战技巧，其理论基础是建立在量价关系以及博弈心理学上面的，临盘若符合出击条件，短线胜率高于 90%。

所谓的特定 K 线组合形态，指的是目标股出现涨停或 7%以上涨幅的大阳线后，紧接着出现高开低走放量长阴的形态。

该形态临盘出现的机会还是较多的，应该不难发现。而发现之后，首先要如实地确定该形态的初步条件是否完全无误地符合。

这个形态的技术要点是(见图 4-13)：

(1)之前出现过一个或一个以上的涨停，或至少7%以上的大阳线。

(2)开出长阴线的当日，必须高开5%以上。

(3)当日股价不能下破插入到前一日大阳线的中点。

(4)长阴线必须放巨量(至少得是近1个月内的次天量)。

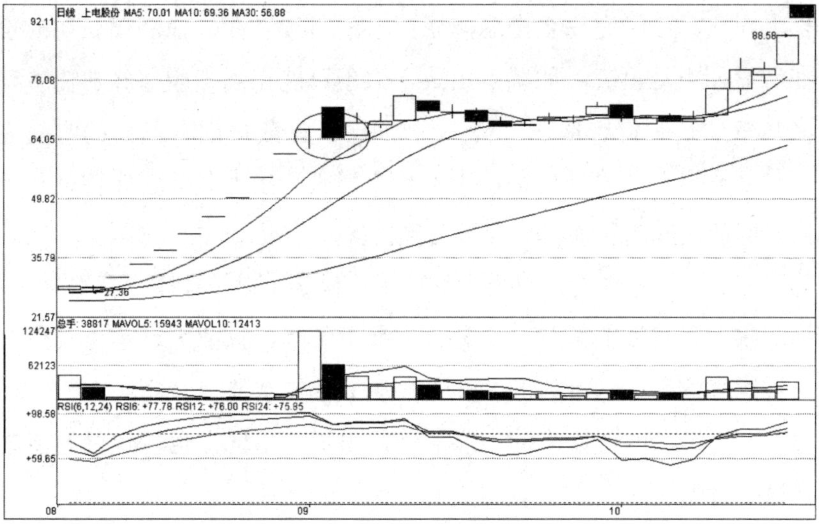

图4-13 高开低走巨量长阴

临盘发现了如此的K线形态并加以确认的确是完全满足以上4点技术条件了，但并不代表马上能买进狙击了。

这四点只能说明该目标股的庄家在强行突击之后花大力气搞文章，暂时只宜视其为异动现象。因为你不能确定它到底是中线庄家在运作还是拉一把就跑的超短线游击资金所掀起的波浪，因此你也就不知道他是在洗盘还是在出货。

临盘时有第一时间挖掘出异常形态股票的灵敏嗅觉当然很重要，但其后用你的“心”去加以判别和确认则是最终能否取得赢利的关键！

重点在后面两根K线。其必须要满足以下条件后才能正式出手：

(1)收放量长阴线的后续两天内，K线最低价不破长阴的最低点。

(2)收放量长阴线的后续两天内，K线最高价至少要上攻到长阴的1/2以上部分。

(3)收放量长阴线的后续两天内，至少有一根K线的成交量要达到长阴成交量的1/3以上。

(4)收放量长阴线的后续两天内，至少有一根K线的分时图形能在大部分交易时段内维持在长阴线1/2价格区间附近震荡。

以上四点，已经完完全全暴露了庄家的后续意图，他利用长阴对倒放巨量是在洗盘而不是出货。如果是出货，他不可能在画出貌似经典出货形态的图形之后依然把股价维持在“套牢死亡区”，让散户们有充分的时间去奔走相告、从容撤退；如果是出货，也不会有那股承接力量能在守住低点不被击穿的同时胆敢大肆吃货使得成交再度放出。

只要是这个技术图形，只要后续两天内满足了以上4点出击条件，那么，就请你在收长阴线后的第三个交易日中择机买进，只要大盘不出现什么重大意外，短线必然赢定，随时将再出现涨停攻击态势(图4-14)！

退一万步讲，即便原先的庄家的确是出货，那现在也肯定已有新庄进场了。何惧之有呢？

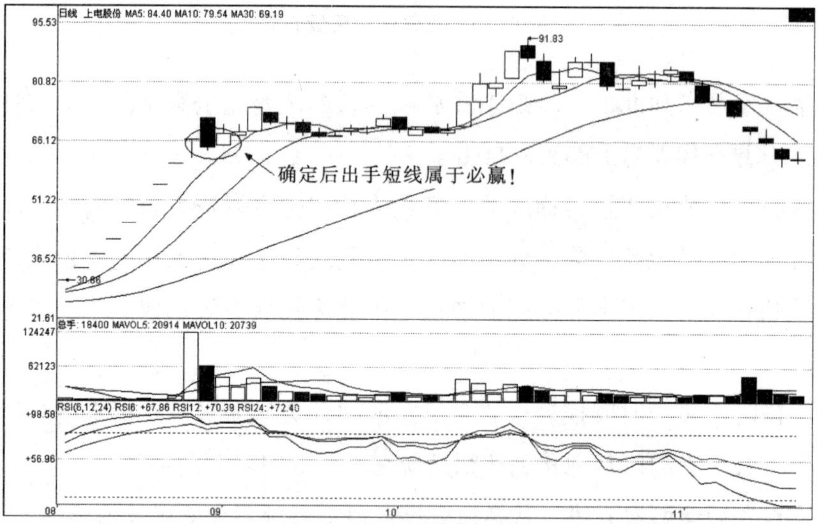

图4-14　经确定，短线出手几乎是赢定

再次特别强调，在不满足条件的情况下宁可放弃也不能贸然出手。该狙击法，包括之前章节及以后章节中介绍的所有短线技法都是极为严谨的专业战术技巧，临盘绝不能有一丝一毫的随意和马虎，那种“差不多就凑合一下”的业余思维是千万要不得的。稍有闪失，黑马没抓到反倒骑上了大黑熊，后果将不堪设想(图 4-15)。

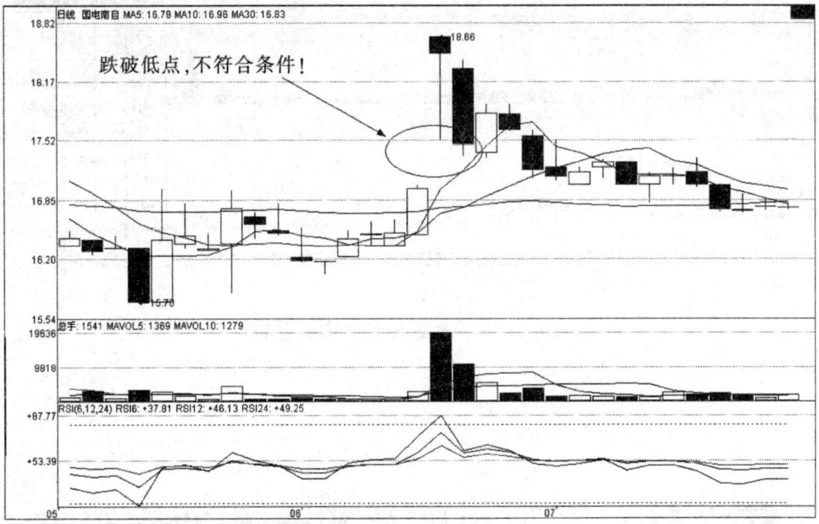

图 4-15 不符合条件的，切记不能随意开火!!

另外，该 K 线组合也有某些变型的形态，即巨量长阴可能会以巨量阴十字星来代替，又或者巨量阴线后会省略掉两个小阳线的组合而直接以继续涨停的大阳取代。

图 4-16 是 600866 星湖科技的日线图。该股于 5 月 8 日拉出涨停，5 月 9 日开出巨量阴十字星，5 月 13 日早盘略略高开后便直接奔向涨停。这就是一个形态上的变型。

正确的临盘处置是 13 日趁其开盘后出现千载难逢的震荡之际予以果断狙击进入，持股只需两天立刻就会有 10%左右的安全赢利。

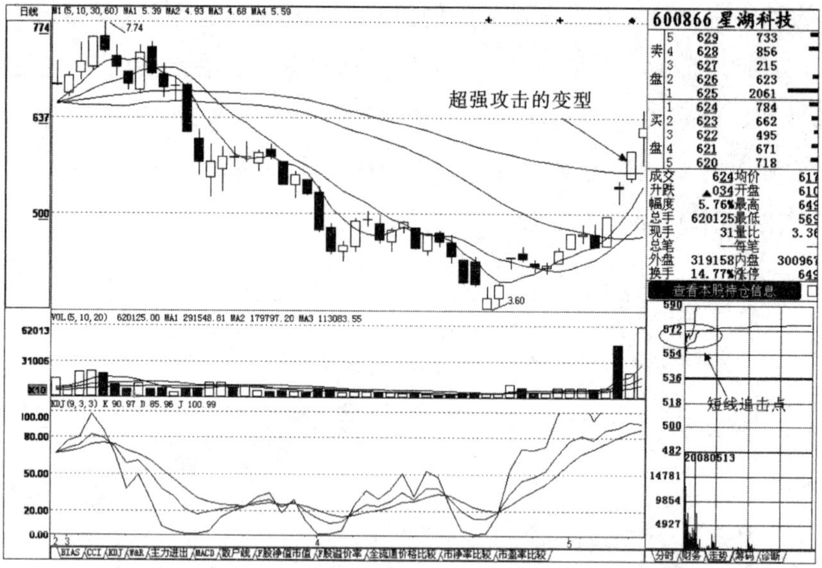

图 4–16　放量长阴的变异形态

第六节　图形中的战机——池底形态

一般人认为炒股就是个技术活，只要对数字、数据反应灵敏就行了。其实不然，股票里涉及的学问很多，像什么心理学、行为学、哲学甚至还有美学等等，方方面面需要学习掌握的东西是极为复杂的。否则，世界上股神、股仙、股王岂不是全给大学里的数学教授包揽了吗？

炒股还能和美学扯上关系？有些朋友可能会想不明白了。可别小看这个美学，很多行业中都会运用到这个看似不着边际，事实上却无所不在的玩意。

喜欢下围棋的朋友应该都知道日本的前辈高手大竹英雄九段，他老人家就是棋界中著名的美学大师。他追求的就是棋子间排列的美感，哪怕是再厉害的手筋、再精妙的定式，只要棋形不好看，他都不屑去采用。而事实证明，但凡是棋形好看的招法，本身也恰恰是高明的，是具有杀伤力的。

下棋都能扯上美学，炒股为什么就不可以呢？本节就来个抛砖引玉，简单地挑选一种来介绍给大家。

大家都知道，一张图表中的成交量柱的排列在通常情况下都是杂乱无章的，时而放大或时而缩小地交错分布。但在某个特定的阶段，成交量柱会由于长时间的持续低迷而形成如湖水干涸般的模样，我们称其为“池底形态”(图 4-17)。

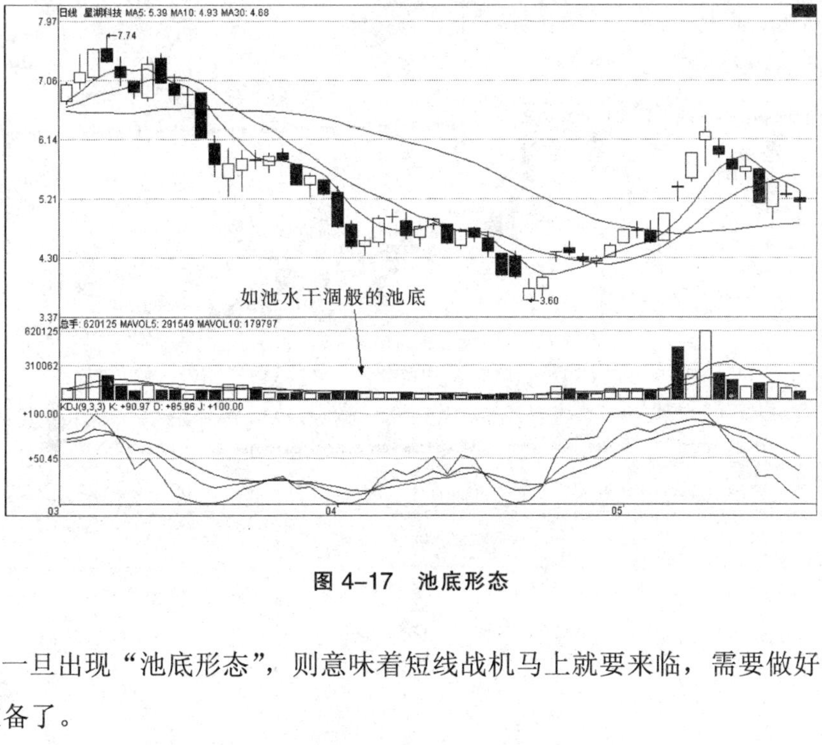

图 4-17 池底形态

一旦出现“池底形态”，则意味着短线战机马上就要来临，需要做好出击的准备了。

该种战法牵涉到“地量见地价”的概念。但单纯意义上的“地量见地价”对实战是没有大的指导作用的，因为你不能确定地量之后会不会有更“地”的量，当然也就不知道地价之后会不会有更“地”的价了。但假定我们能把这个概念具体框定在某一特殊的形态中去研判的话，就能大大地提高可操作性了。

所谓的“某一特殊形态”就是我们刚才提到的“池底形态”，具体使用要点是：

(1)某只股票的成交量柱出现池底形态后，说明短线即将见底反抽，临盘需引起高度重视并严密跟踪。

(2)池底形态必须由一组超过 20 个交易日或以上的成交量柱组成。

(3)出现相对的地量后，若其后的 2 根或 2 根以上的 K 线能出现止跌迹象的，临盘应果断买进。

(4)确认后的买进操作，安全度及短线获利几率极大，但有些“守株待兔”的味道，应适当给予些耐心。

见图 4-18。

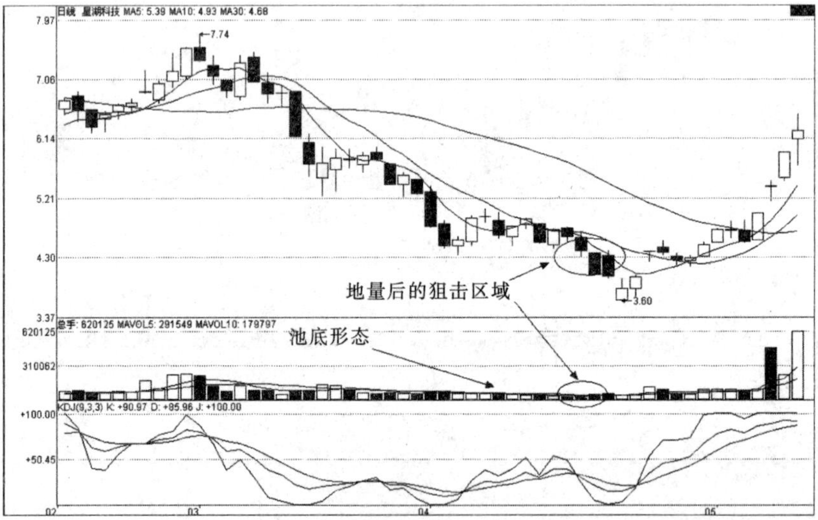

(a)

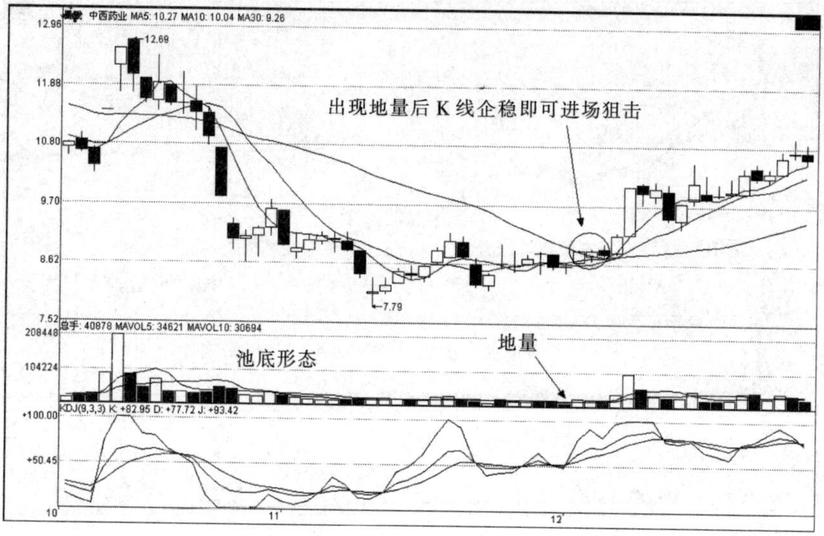

(b)

图 4-18　池底形态的买入点

需要注意的是，有些新股或次新股上市首日的巨量换手使得其第一根成交量呈一柱擎天之势，后续无论怎样放量缩量都会在很长一段时间内形成表面上类似池底形态的图形。这其实是一种坐标变化上产生的视觉假象，投资者对该类图形要分辩清楚才好(图 4-19～4-20)。

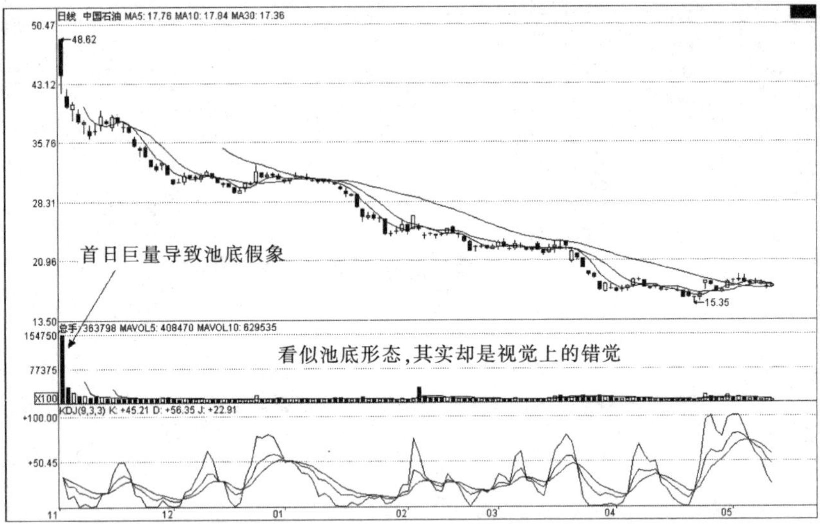

图 4-19 类似池底形态的假象

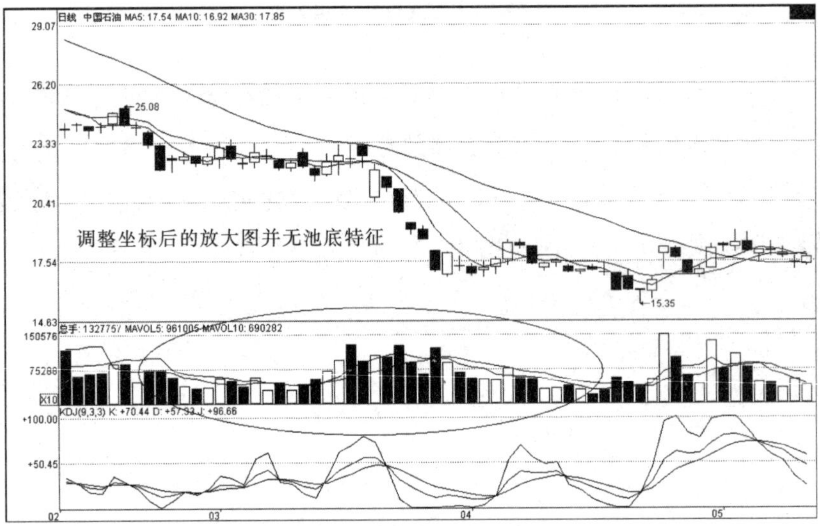

图 4-20 调整坐标后原形毕露

第五章　涨停解读——临盘追击策略

一只股票能够冲击涨停，一般都是进驻其中的庄家勇于进行表演而造成，可以这样说，只要出现涨停，该股肯定有庄。

至于庄家后续是想往上做还是在图谋出货，这是需要仔细辨别和斟酌的，但百分百能肯定的是至少在涨停拉起的那一刻庄家绝对还没有撤离。这，就为短线操作提供了理论可行性和一定程度的安全性。

散户的跟风筹码把一只股票糊里糊涂抢上涨停的情况当然也有，但决计不多。

问题就显而易见了，只要能清楚地搞明白庄家的后续意图，全力追击那些有望连续封停的、庄家并无出货欲望的超强个股，短线的暴利将是极为可观的。

以下，我们将对盘中有着各种各样攻击态势的涨停股分别予以讨论。

第一节　首先要基本看准大势

有些投资者通常认为能够冲击涨停的个股自然都是极强的股票，庄家既然敢拉，我们散户当然可以放心持有或追击跟进，根本没必要去理会大盘。即便大盘正处于跌势当中，涨停股就是逆势抗跌的绝佳品种，完全有希望走出独立行情。

以上的观点是错误的，客气点讲是片面的。

一般人以为逆势飘红的妖股以及涨停股都是主力明确无疑地在做多买进，但这只是一个暂时的表面现象。逆势妖股很可能是为了生产自救，封涨停板也很可能是拉高出货，这其中的水很深，陷阱也很多，如果你的眼光只短视到局部一两天的强势，那之后的苦头或许就有你吃的了。这是从股票本身的质地品性来说的，是其一。

其二，撇开个股的问题不谈，有句话叫覆巢之下，焉有完卵。你可以不理会大盘，但庄家没你这么够种，他们必须去理。逆势完了、涨停妥了，要不就阴谋达成了，要不就实在是抗不住了，最终还是得看大盘的脸色。在下跌趋势下，只有下跌幅度的大小差别，时间先后的差别。除非你有大海捞针般的超强短线技巧，否则还是请老老实实地顺势而为，低调做人。

所以说，进行股票投资操作第一位要讲究的就是应该重“势”，即对大盘的背景环境、大致走向要有一个基本的、清醒的判断，然后再顺着大势做个股。市场并不像有些人描述的那么杂乱无章，它确实会在一段大的波动中存在着方向明显的趋势。

任何类型、任何级别的操作前，先判断市场的趋势是第一位的技术！这一点必须要坚定不移地刻进你的头脑并切实贯彻到平日的实战活动中去。

简单来讲，大势向好或基本平稳的背景下，各种短线追击技法则可有条不紊地从容展开，获利度也应适当放宽；大势向下或处于弱势整理的背景下，各种短线追击技法则应小心翼翼地谨慎展开或干脆停止操作，所有操作以安全为第一准则，获利度应适可而止。

“逆势者亡”这一古训体现在股市中的例子很多。

20世纪80年代末，台湾股市经过一轮疯狂暴涨后，从12000点迅速滑落，连续多天跌停板，终于引发崩盘。台湾股市中第一号多头主力庄家雷伯龙，持有大量筹码未能及时出手，为了保护自己，他倾尽全力不惜借贷，多次奋力托市。结果是“伯龙有意，股市无情”，他的努力全部白费，指数从12000点狂泻到2000点才真正止跌企稳。其100多亿元的资金全部随暴跌化为灰烬，而且债台高筑！

雷大庄家的悲惨故事告诉我们：任何逆市而为的操作，必将受到市场无情的惩罚！对散户如此，对实力雄厚的庄家部队，同样也适用！

大势向好，群庄歌舞升平，散户的短线机会就来了；大势不妙或发生重大逆转，则万马齐喑，群庄俯首！连庄家都回天乏力了，我们散户跟谁去？还怎么玩？

顺势而为，是临盘实战中极为重要的原则之一，请各位务必严格恪守之！理由很简单，因为市场永远都是对的。

第二节　涨停分时图形的不同品相

好比玩蟋蟀，青虫是上品，而其中的“铁砂青”则是上品中的极品。股票也是如此，能冲上涨停的当然是短线强势品种，但在这些强势品种中，其实也有着不同优劣的品相。短线职业玩家所要寻找的正是涨停股群中真正的“铁砂青”。

不过话又说回来，真正的极品涨停股你想买也未必能追得上，但之所以要努力辨别出强中之强，更多地是为了当你手头上的持股碰巧出现涨停时不至于茫然不知所措，不至于因应对失误而被庄家过早地诱骗出局。

以下的技术图形虽不难掌握，但由于事关重要，故还是希望你能彻底记熟并形成如条件反射般的临盘反应。

1. 经典极品封涨停图形

开盘后 30 分钟以内封至涨停(越早越好)、封单量巨大、后续不开板、封停后成交量迅速萎缩，这些都是极品涨停图形的要素。

一旦发现该类型涨停的个股，临盘应坚决填单跟进。只要买进，后续赢定！

如果手中有幸持有该股，请绝对拿稳，千万不要产生小富即安的小市民心理，因为它极有可能会出现连续涨停的疯狂走势。

请彻底熟记图 5-1 这一简单而又经典的图形。短线高手很多时候的临盘处理都已经达到了仅花零点几秒钟就能迅速做出反应的程度，他们不可能在过于基础的东西上再去浪费宝贵的时间。

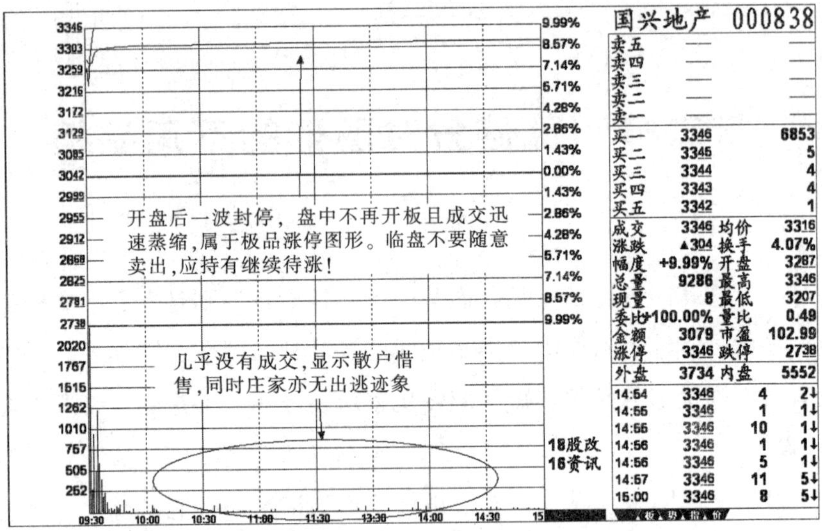

图 5-1　极品封停图形

2. 上品封涨停图形

见图 5-2。

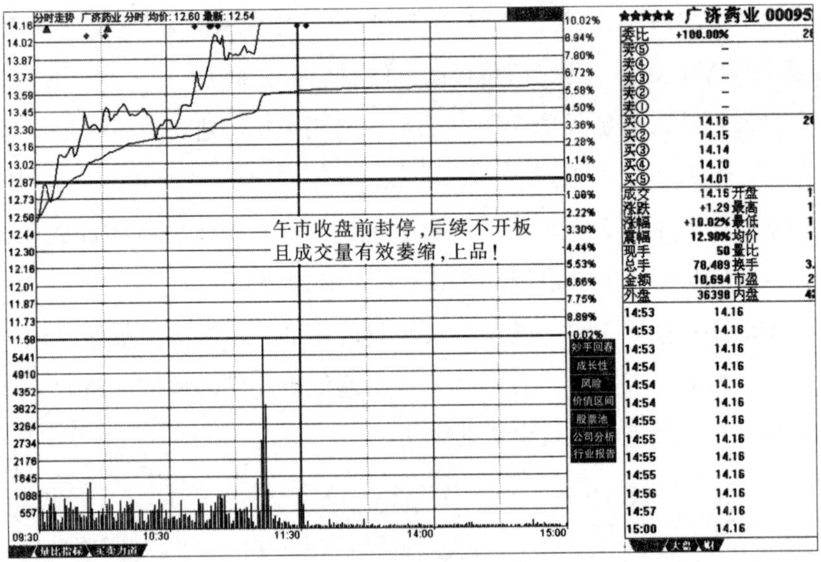

图 5-2　上品涨停图形

能在午市收盘前封停的，封单量巨大，后续不开板，封停后成交量能迅速萎缩下来的，是较上品的涨停品种。

一旦发现该类型涨停的个股，临盘可半仓填单跟进。如能买进，续赢一个涨停应该不成问题。

如果手中持有该股，也请拿稳，千万不要产生小富即安的小市民心理。因为该品种也绝不会仅以区区一个停板而草草了事。

3. 普通封涨停图形

见图 5-3～5-4。

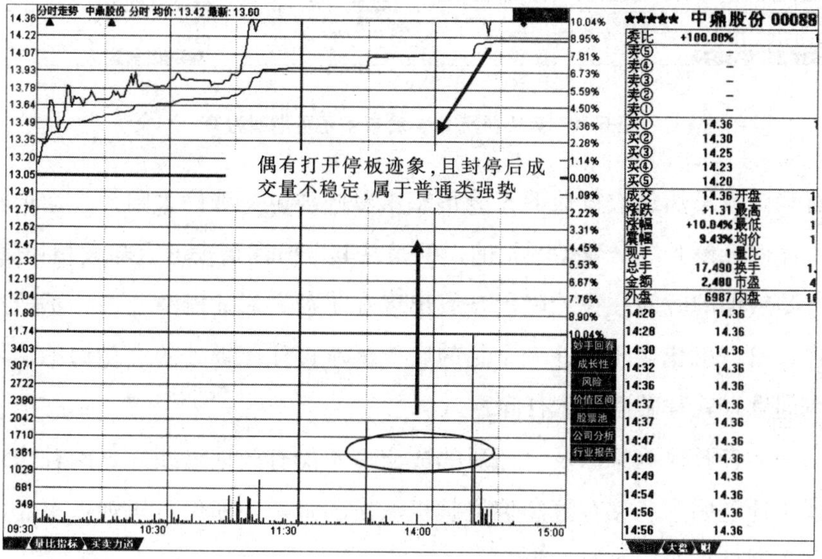

图 5-3　普通类别的涨停

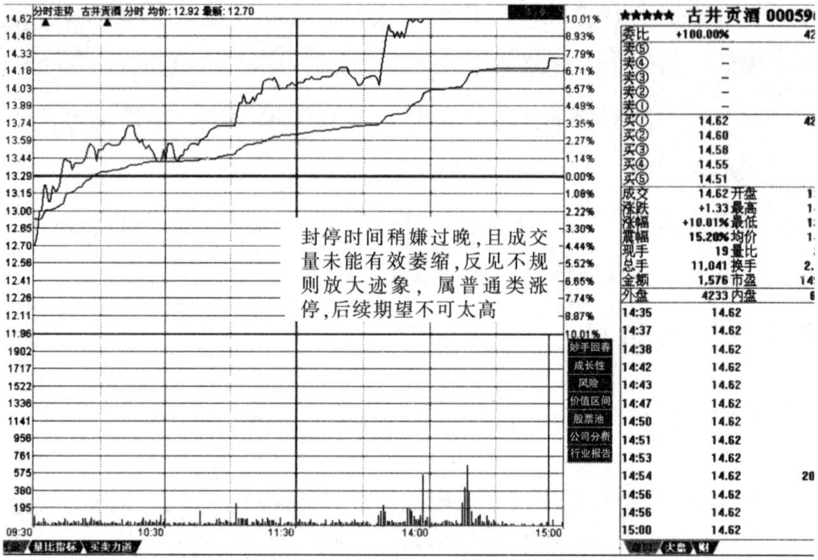

图 5-4 普通类涨停，后市切不可期望过高

有些个股虽然从收盘后的 K 线形态来看同样也是涨停大阳，表面上和极品、上品的涨停 K 线是毫无区别的，但是从其分时图形来考究却大相径庭。

一是封停的时间往往较晚，一般出现在午盘之后才能冲上去。不敢过早封至停板价，就说明庄家并无十足的底气来承接住停板处的大量抛单，不是资金有问题，就是做盘意愿有问题。

二是会有开板迹象以及封停后的成交量不能有效地缩减，这两种情况均或多或少地说明了庄家有拉高价位趁机派发的嫌疑。即便再乐观点来看，它至少是庄家控盘不自如的征兆。

该类别的涨停股可以暂时持仓，等第二天见高点后见机行事，但一般不建议追击跟进。

4. 总结归纳

(1) 涨停封得越早越快就越好。

(2) 封单量越大越好。

(3) 量小的涨停绝不是顶，应视作为上升趋势的延续（反之同理，量小的跌停亦不会是底，应视作为下跌趋势的延续)。

(4)涨停后的放量，是值得警觉的信号，临盘要把握好获利了结的机会。

以上是涨停板技术形态的通常战术认识，但实际战斗中完完全全地生搬硬套，把基本法则当成金科玉律去看待也是不可取的。

学了要懂得活用，一味地死读书、读死书绝对不是科学负责的专业态度!

第三节　尾市封停或大幅拉高的异动研判

这里所讲的尾市异动，指的是尾盘的突然冲上涨停、或大幅拉高(5%以上幅度)的特异走势。

某些个股，在全天大部分的交易时段中表现平平，但在临近收盘前的十分钟甚至几分钟内突然以迅雷不及掩耳的气势大幅拉高或封停，往往让人在目瞪口呆的同时大感莫名其妙(图 5-5)。

庄家的这一鬼祟举动到底说明了什么？是突然间的狂性大发，还是别有深意？

说实话，类似这样的尾盘异动，原因真的是蛮多的，它们体现着庄家各种各样或刻意或随意的战略部署和思维方式。

例如，某只股票的庄家总管原本并没有打算在当日拉升，碰巧下午出去喝酒时一不小心多喝了两杯，临收盘前回来一看，奶奶的，怎么别人全涨停了啊，我们怎么可以落后？于是借着酒劲一赌气就吩咐操盘手把股价做上去了。

以上虽然是一个极端的例子，但也从一定程度上说明了盘面中的异动情况的确存在着某种随意性和不可预测性。

但是，对于有着专业素养的职业选手来说，哪怕情况再复杂、再难以琢磨，也绝对成为不了放弃研判、消极对待的理由。把问题的方方面面都考虑透彻了，把庄家的各种意图都揣摩到位了，至少能在最短的时间内最大限度地摸清敌人的底牌，以便及时地修正前期判断上可能存在的错漏和误判（该点，并不仅仅试用于目前所讨论的局部问题，它也同样适用于任何类型、任何范围的实战操作中）。

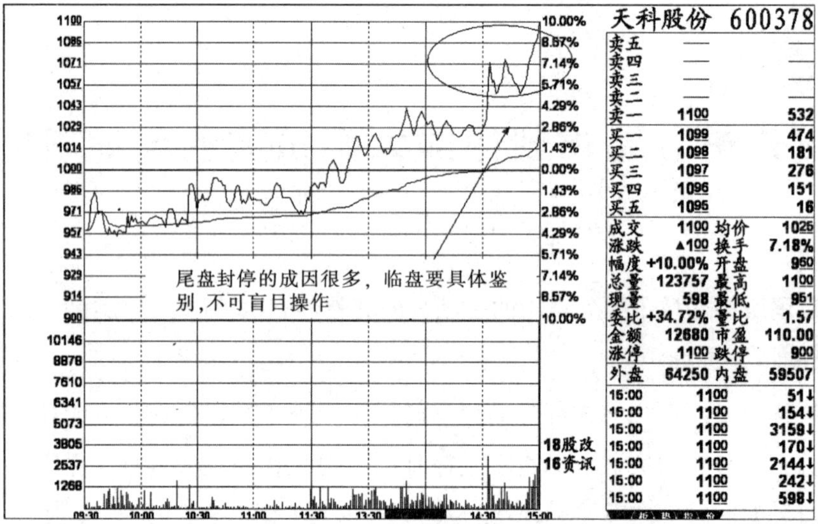

图 5–5　尾盘突然拉高封停

一般来说，尾市的瞬间拉高有以下几个主要原因和内涵。

1. 建仓初期的突击性隐蔽吃货

大盘由空头市场逐渐转为多头市场的初期，主力会分别寻找合自己胃口的目标股暗中介入。由于该阶段市场人气尚未完全恢复，上档解套盘压力重重，稍作拉高就会遭到散户的沽空。而主力此时亦只处于建仓的开始阶段，并不想过多数量地吃进高价筹码，如果在早盘或午盘后发力拉高势必会增加不必要的成本，更容易打乱既定的操作步骤。于是乎，只能在距收市时间已不多的尾盘时段采取突击性攻击吃货的手法，以确保按部就班地完成筹码的收集，同时也可以尽可能地保持隐蔽性。但第二天连续向上攻击的概率很小，通常会回落至异动前的价格区域继续盘整，暂时恢复平静。

该类型的尾盘涨停或拉高，一般出现在股价形态的底部循环区，临盘不宜立刻追进，而应密切跟踪观察，等待适当的回调机会时分批买入。跟进后的获利预期是比较乐观的，因为主力的建仓行为终究是为了后续的拉升。

2. 抬高收市价，封死下一个交易日的下跌空间

有时，市场会遭遇到突发性的利空打击，场内个股纷纷受到恐慌情绪的感染大幅下挫，部分庄家也和散户们一样被杀了个措手不及。他们眼看坐庄股的股价大幅下跌，把自己套了进去，更加严重的是倘若第二日仍然刹不住车一旦破位引发加速暴跌的话，局面将不可收拾。于是乎，该部分庄家会在抛压相对较轻的尾盘调集所有兵力强行把股价做上去，硬生生地将收盘价封在高位，以便当第二天大势仍不转好的情况下，预留出一点下跌空间来维持住K线形态的完好。

该类型的尾盘涨停或拉高，一般是出现在股价形态的中段循环区域，临盘时可于第二天逢低狙击进入。一旦大盘稳住，短线获利是没有问题的，由于该股庄家亦身陷囫囵，所以该项跟庄操作是没有理由去害怕和担心的。

3. 游击散庄的超短线行为

散户有大户、中户、小户之分，庄家也如此。有些游击性小庄家往往只怀揣着几千万的资金就敢于进场做一把短庄，他们的宗旨就是“快进快出，捞一票就走”。很显然，由于其本身资金量的缘故，他们不可能像正规庄家部队那样有条不紊地去完成一系列常规的如试盘、建仓、拉高、洗盘、再拉高、震仓、主攻等繁琐步序，游击庄的特点就是一个字“快”，建仓、拉高、出货的全套过程最少仅花几个小时就能完成，最多也不会超过两天。同时，他们也不可能在“光天化日”之下大摇大摆地进场，而只敢在技术形态已基本定型，盘面变数相对不大的尾盘时段动手。尾盘的拉高就是超强悍、超短线的抢筹建仓，而第二天开盘后一个冲高，就随时有可能转手做空，全仓出货。

该类型的尾盘涨停或拉高，可出现在任何大盘背景之下和股价的任何循环区域，但通常都是出现在小盘袖珍股的身上，另外尾盘直接拉出涨停的概

率很大，这也是由游击散庄的资金量和操作时间的限制所决定了的。临盘时不建议跟进，千万不要试图和这种疯狂凶悍的庄家合作。

4. 散户的尾市抢盘

当大势突然向好，盘中主流热点明显浮出水面的时候，散户们都会被市场的多头气氛所渲染。不过，等到散户投资者们都能集体醒悟了、都明白该做多了，通常也就慢了一拍两拍了，领头羊恐怕早已攻上了涨停，其他相关板块的热门股也差不多有了6%以上的涨幅。此时要追高买进，散户们一般都会心有不甘，于是，大多数人在买不到涨幅较小的股票情况下，纷纷把目光转向了尚未大幅启动的连锁概念股上、关联板块股上。在散户们散乱却又强大的火力围攻之下，这部分股票很容易在尾盘被抢至涨停。

该类型的尾盘涨停或拉高，一般是出现在某个做多气氛浓烈且盘中热点明显集中的交易日，爆发尾市异动的目标股通常都和率先领涨的主打股有着这样或那样的板块关联性。该种类型的异动，属于彻彻底底的散户行为，并无特殊的实战意义，跟与不跟，赚钱与亏损，全部由大盘后续温度说了算。

以上关于尾市拉高异动的探讨，只是起到了一个抛砖引玉，帮助投资者提高临场综合判断能力的作用。由于实战时不同类别的异动情况将直接导致操作结果的天差地别，故希望各位能在细心鉴别的基础上有了九成以上把握后方可出击。

看不清的机会，就宁可放弃。不要幻想着所有机会都能为我所利用，这是非专业和不切实际的，也是极为天真的一厢情愿。

第四节 孙子兵法称雄股海

《孙子兵法》是中国古典军事文化遗产中的璀璨瑰宝，其内容博大精深，思想精邃富赡，逻辑缜密严谨，是中国优秀文化传统的重要组成部分。作者是春秋时期的“兵学鼻祖”孙武。孙武子一生战功赫赫，从“养城之战”初露锋芒到公元前510年大破越军再展风华；从吴楚豫章之战到中国历史上以少胜多的著名战例“柏举之战”，每一场战役都显示了其超凡的军事思想和其卓越的军事指挥才能。

即便是踏入了21世纪后的今天，《孙子兵法》仍在被人们深入地学习和研究，并广泛运用在现代军事、政治、经济等各个重要领域中。

股市如同战场，炒股就是打仗，这部兵法中的思想精髓一样值得我们广大股民学习和借鉴。在此就简单挑选了3招兵法，联系到股市上来谈一谈。

本节内容虽然不属于追击涨停的范畴，但却有着相辅相成的作用，故还是特意放到本章中一并讲述了。

1. 先胜而后求战

这是孙子兵法军形篇中的高招，原句是“是故胜兵先胜而后求战，败兵先战而后求胜”。

意思是一只常胜的部队总是会先创造获胜的条件，有了打胜仗的把握后才去和敌军对决；而一只失败的部队往往是事先不做任何准备和部署，先和敌人交上火再说，随后才去谋求侥幸获胜。

联系到股市该怎么理解呢？孙老师说了，千万不要学习“败兵”。

但事实上很多股民正是日复一日、年复一年地在干着“败兵先战而后求胜”的事。他们在平日里花几千块钱买台液晶平面电视机或许也要跑跑国美，逛逛苏宁，来个实地考察研究和比较一下，但对于动辄几万几十万的股票投资却不管三七二十一买了再说。看到行情起来了，左邻右里、三姑六姨都赚钱了，于是就急了，生怕赶不上末班车，就自己随便抓一只股票，或者听股评家推荐的仓促买进；看到杀跌了，人家都一窝蜂地逃命了，也会急，就跟着卖空，而全然不顾手中的持仓到底股性如何、抗跌不抗跌、技术位置高低等等。

这种在操作上没有预见、主见，对目标股不作任何事前判断及事后跟踪的行为，都将导致投资失败，是典型的浮躁心理的体现。

一只股票买进后能不能100%地涨，世界上没人能拍胸脯保证(除了庄家)，所谓人算不如天算是也。但至少你选择它、买进它之前总要过了自己这关吧，后续能不能涨是技术上的事，你觉得行才去买则是态度上的问题。千万不要等到钱投进去了之后才发现买到了一颗大地雷，才惶惶然烧香拜佛希望老天保佑，早干嘛去了？

除了对个股选择的小处上要做到“先胜”外，在进出场整体时机的判断上也同样要遵循该项兵法精要。

顺势者昌，逆势者亡，对大势的判断比个股的选择更为重要。一只再好的股票，你买进的时机不对头，照样套你没商量。所以，在任何时候你都要摸清楚战场上的状况，什么时候能冲锋，什么时候该卧倒，什么时候要撤退，什么时候只能打打零星的游击，这很重要。千万别以为端着把火力超强的好枪就能在战场上随意进出宛如逛大街了，小心被打成马蜂窝。

发现了好股票后什么时候买进也需要做一番细致入微的调研工作。一定要记住“先胜而后求战”!

2. 兵者诡道

“兵者，诡道也。故能而示之不能，用而示之不用，近而示之远，远而示之近。利而诱之，乱而取之，实而备之，强而避之，怒而挠之，卑而骄之，佚而劳之，亲而离之，攻其无备，出其不意。此兵家之胜，不可先传也。”

这是《始计篇》中的一段，说白了就是兵不厌诈的意思。

股市庄家对此兵法之精义当然是了如指掌，绝对堪称专家。他们利用种种诡计来肆意坑杀散户，手法之高超，技术之高明，虚实之难辨令人瞠目结舌。但正所谓“天下熙熙，皆为利来；天下攘攘，皆为利往”，在这个不是你死就是我活的股市战场中，庄家不施展阴谋诡计的话又怎么能顺利自如地进庄出庄，获取巨额暴利呢？

不要去过多地声讨庄家，这是各为其主的事，关键是要擦亮自己的眼睛，不轻易上当。同时，应尽可能地将计就计，和庄家展开智力、心理上的角逐。散户要改变被动局面，需要有反散户的心理，也就是我一直所说的“逆向性思维”，经常站在庄家的角度去设身处地地想一想是极有必要的。

股市就是一个人骗人，比谁的骗术更高明、更为堂而皇之的场所。大骗吃小骗，小骗吃无赖，至于老实人，结局就可想而知了。但是再怎么骗，却万变不离其宗，有一条规律是不会变的，至少在目前的交易制度下不会改变。它就是：“百般拉升，是为了出货，是为了接下来的跌；百般打压，是为了吃货，是为了下一轮的涨。”这是一个大局观上的基本认识，投资者若把这条吃透了，对于庄家的小骗小闹自然就会有分辨清楚的资本。

3. 不可怒而兴师

“主不可以怒而兴师，将不可以愠而攻战。合于利而动，不合于利而上。怒可以复喜，愠可以复说，亡国不可以复存，死者不可以复生。故明主慎之，良将警之。此安国全军之道也。”

这是《火攻篇》中的一段。

借用到股市上的意思就是，股民们不可以因为一时的愤怒或其他诸多不良情绪的支配而盲目冲动地随着性子来操作。只有当盘面明确发出买进或卖出信号时才行动，方向不明朗时就别盲动。涨多了会跌，跌多了自然也会涨，赚钱和亏损只是某一个阶段中的事情。你一时的沮丧情绪总会随着股价的回升而转悲为喜，但之前那些由于愤怒所作的错误投资决策亏掉的钱，却再也回不来了。

审视一下自己并看看周围的人，谁都有过“怒而兴师”式的意气用事吧？比如大盘在猛涨，其他股票都是热火朝天的，可就你手上的股票像得了瘟病，人家涨 8%、10%，它来个 1%，更棘手的竟然还有不涨反跌的。是可忍，孰不可忍?！一般人是很容易被这样的情况给气疯的，于是就一封休书将其一脚踹开，转而追高买进“强势股”。但接下来，更绝更棘手的事往往就会发生了……等你换仓完毕之后，送出去的瘟神突然展开强力攻击，转眼成了财神；而换进来的强势股却开始休整回调，你又被套住了！

类似上面的例子在日常实战中经常会有。起因是“怒”，行动是“兴师”，结局就是“亡国不复存，死者不复生”了。

青山易改，本性难移。要控制情绪也不是说办就能办到的。我们唯有尽可能多地去熟悉和掌握各式临盘实战技巧，用以完善技战术水平，提高自身修为，如此，才能达到艺高人胆大的境界，才能从根本上去克服浮躁心理，不做情绪的奴隶。

第六章　庄家迷踪——散户必学技法

第一节　跟庄战术的理论基础

1. 无庄不起浪

山，有仙则名；水，有龙则灵。股票，有庄则涨，呵呵。个股的升浪，就是庄家造的。无庄不起浪。

有了庄，没有题材可以造题材，编题材，挖题材；有题材可以借题材，发挥题材。有没有概念或理由也是一样的道理。只要有了题材、概念或理由，庄家就可以兴风作浪了。甚至有些蛮横的庄家，干脆没有理由也会造浪！这，就是我们股市的特点。

我们散户做股票，其实就是跟住庄家。仅此一招，其他的都是多余。

有些人崇尚价值投资，喜欢花大量时间去研究上市公司的基本面，财务状况。这是典型的死读书、读死书的愚昧表现。试问，偌大的一家公司，其财务数据和指标，就连专业的分析师都未必能完全解读清楚，我们散户却一厢情愿地拿来研究以作为平时实战操作的进出依据，没等你弄通，恐怕几万几十万的学费早就交给股市和庄家们了。

请时刻牢记：没有庄，再好的题材，再好的概念，再好的业绩，再多的理由，一样是死水一潭！

我们也必须明确一点，我们的任务是跟庄。即瞄准庄家，了解庄家，与庄为伍，与庄共舞。庄家是市场中的绝对主力部队，其资金雄厚，信息通畅，军纪严明，技高一筹，完全有能力将散户股民玩弄于股掌之间。任何妄言要战胜庄家，消灭庄家的人，都是无知和愚蠢的，也是不切实际的。

2. 庄家的起源

1989 年 5 月 9 日，是中国庄的诞生日。1989 年 5 月 9 日，深圳证券公司把73元每股仍无人问津的2180股发展股票公开招标，结果出乎所有人意料，一位方先生竟以每股120元的价格一举通吃！消息传开后，引起轰动，发展股价由此直线上升(后由于“6•4”风波，未能冲到120元便掉头向下了)。这位神秘的方姓先生，摆着73元每股不买，却偏偏去花高价通吃招标的发展股，显然是想借此消息的炒做，拉高发展股价。这是大户第一次通过某种手段来影响股价涨跌的操作，是新中国第一次的庄家行为！

而我国的第一次庄家大兵团作战，并永垂股史的战役是：深圳大户联手炒上海股票。1990年6月，深圳股票热潮愈演愈烈，上海却是这里的黎明静悄悄。深圳一群眼光独到的大户，联手携巨资3000万元奔袭上海，大肆购买股票，把上海股价炒上了天。这一战役后，庄家活动正式踏入交易所的大雅之堂，而不再是“街头霸王”了。从此，庄家也正式登上了中国股市这个历史舞台，成为千百万股民仰视、崇拜、惧怕的对象。

其后，经过深圳庄家的“启蒙教育”，上海庄家迅速地从炒作水平、思想意境等各个层面上赶超上了当初的师傅。沪股庄家再次显示了教会徒弟饿死师傅的历史古训，再次证明了青出于蓝胜于蓝的历史规律。1994年8月，沪股333点时，进场第一大主力庄家，市场俗称“333主力”。这只曾经在市场中呼风唤雨的王牌主力部队，真正的老股民应该还会记忆犹新吧？同年，国内经济形势严峻，华南大水灾、通货膨胀已成定局，银根短缺，大部分的上市公司不能按计划完成计划。此时，333主力进场，如龙卷风般狂扫货，几十亿元的集团大资金作战，仅用十个月的时间，完成了收集、拉高、派发、打压的全过程！大兵团，大手笔、大气魄、超短线、并创下了8000万元的单笔成交之最。其中的传奇故事说之不尽……

庄家部队，由于其自身的绝对优势，散户要想战胜他们，无异是痴人说梦了。还是那个思路，我们只能谋求和庄家的和谐共处，与庄共舞。我们给予他们的，只能是敬畏。

3. 庄家也会吃败仗

不过，庄家在坐庄战役中，也并非保持全胜的战绩，他们同样会遭受失败，甚至是灭顶之灾。但可惜的是，击败他们的，仍然不是我们散户……

(1)逆市而为。

20世纪80年代末，台湾雷大庄家奋力拯救股市的悲惨故事告诉我们：任何逆市而为的操作，必将受到市场无情的惩罚！对散户如此，对实力雄厚的庄家部队，同样也适用！

市场永远是对的!!

(2)大鱼吃小鱼。

1994年大名鼎鼎的摩根•斯坦利狂炒港股从8000点升至12000点后，又转而疯狂沽空，令其一天暴跌1千多点，最后狂跌至5000多点才重新向上。在这轮暴涨暴跌的行情中，只有一流的职业高手才能赚取暴利，但对于水平普通的广大投资者，包括中小主力机构、庄家而言，则是苦不堪言。不是高位套牢，就是低位割肉。

同样，1994年沪股从333点暴涨到1000点以上，又暴跌回500多点，行情中，真正能赚到钱的只有超级大庄家，而其他中小庄家，绝大部分都是亏损累累。

(3) 自身对大市研判失误或操盘不当。

只要是对大市判断有误或操盘技术上掌控不当，庄家也会套牢和亏损。即便如绝对王牌的333主力，也无法例外。

1997年10月，333主力狙击老牌绩优股“苏常柴”，分数批建仓达2000多万股，成本在20元以上。但之后由于发现对当时的大市分析出错，同时要命的是对目标股的中报预期完全看反了。在1998年6月，实在无力支撑，只好在17元附近强行斩仓出货。可惜跟风者甚少，自弹自唱地拉了几下，勉强割肉了30%左右的仓位。而其大部分的筹码最后全部打包吃进，一直深套到了9.50元！账面亏损达2亿多元。

而当年路人皆知的“大牛股”亿安科技的庄家，更只是一名有勇无谋的“猛张飞”。坐庄只会一味拉高，拉高，再拉高，完全成了散户的“提款机”，最后在高位因无人接盘而动弹不得，出不了局。该庄的操盘水准之业余犹胜散户，成为庄家同行茶余饭后的笑柄。

4. 庄家坐庄的实质

股票战场中，庄家和跟风盘就是市场行为的主体。供投资者分析市场的组成部件很多：技术分析、公司业绩、政策消息、财务指标等等不一而足。但所有的一切一切都只是撑台面，做粉饰的障眼法。只是用来迷惑众生，故意化简为繁，搞混局面的东西。

任何博弈型的风险市场，其本质就是：庄闲对赌！绝无例外。其他任何高尚的或不高尚的说辞，伟大或不伟大的口号，都是不明内在原理的一厢情愿。

庄家和散户一样，进入市场投资的根本动机和目的均是“获利避险”，而绝无其他原因！庄家坐庄的所有操作，都是围绕着如何诱导控制跟风盘的心理而展开的。为了达到这一战略目的，庄家采用的手法可能会千变万化，但是其基本行为模式却是能够穷尽的，正所谓“万变不离其宗”，这也是我们孜孜不倦地力图看清本没有规律的股票市场的理论基础。

庄家成功完成一轮资金的进场和出局工作，也就是我们通常所说的“坐庄”，绝对会历经建仓、拉高和出货的必然阶段，而其中可能交织掺杂着为了更好达成目的的试盘、洗盘环节，并且期间可能夹杂多次上述行为的不断反复。

5. 跟什么庄

大家或许也都了解，庄家，只是对市场中各路主力的统称，而其中大大小小的主流力量形形色色，实力及做盘风格也都相差悬殊。跟什么样的庄，是首先要明确的问题。

(1)政府庄家。

众多庄家中，政府庄家显然就是庄家的祖宗，是庄上之庄，股市中的大哥大！当一个国家的政治、经济等突发事件令股市暴跌，引发金融危机，或股市极度低迷时，为了维护国家的金融秩序，为了使股市健康发展，政府庄家就会出手。政府庄家一旦出手，大市上起码会形成一个中期底部。

但政府庄家并不是我们实战意义上所要跟的庄！他给出的是我们可以跟

庄的信号，但绝不是我们跟庄的目标和类型！政府庄家进场是托市，而并非以赢利为目的。其出手入驻的股票一般是权重指标大盘股，以形成最有效的稳定股指的作用。但一旦股指企稳后，庄家会坚决地撤离，不会刻意拉升股价，这是由其进场的目的决定的。所以跟进政府庄家托市的股票板块，不会有大的赢利，一波行情起来后，肯定要跑输大盘。

所以，再重复一次，政府庄家出手是提示出可以进场跟庄的信号，但具体实战操作上，要跟其他的庄。

(2)超级短庄。

相对于刚才提到的政府庄家，超级短庄就是庄家部队中最最弱的庄，属于杂牌游击队。他们可能是小型游资，也可能是几个甚至就是某一个大户，利用并不庞大的资金，在盘中突击性地抢一把。

该类庄家的资金量小，技术也较业余，选股方面及对大市的研判功力也很浅，进场操作存在赌博的拼死活性质，对目标股的拉升幅度不会很大。加上他们的所有操作就是围绕着一个准则“快”，拉升快，打压出局也快，有时所有的坐庄过程竟可以在一两个交易日内就完成！普通投资者若没有扎实的盘面功底，是很难与该类庄家“合作”的。

最大的庄家和最弱的庄家都不是理想的跟庄对象，那么我们该跟什么庄？答案很明显了，用排除法就知道我们该跟的应该是普通的长线庄家以及中线庄家，而其中又以中线庄家为首选！长线庄家不是不能跟，但理由就像在以前的章节中我们探讨过的“散户的思路”中阐述的那样，长线庄做庄是一个相对很漫长的过程，不把跟风者折磨得死去活来，该类庄是不会给你赢利的。长线庄做的也是长期投资，而我们散户的思路是回避长线，因为我们没有时间去等待五年，或是十年后的回报！我们要的是快速致富，尽快成功！

请记住，我们真正合适的盟友是：中线庄家！

6. 总结

庄家是凶悍的，但同样会因这样那样的失误和愚蠢行为而导致坐庄失败。但我们需明确一点：他们的失败，都是因其自身的原因造成的，而绝非是我们散户的主动性战果！我们不能因为他们的偶然失误，而狂妄地幻想着要战胜庄家，这是绝对无知和绝对不切实际的想法。

庄家不可能全胜是客观存在的情况，但庄家部队的绝对高胜率，也是铁一般的事实！我们散户必须向庄家学习，并尽量在盘中和他们对话，以求和谐相处。

这，才是我们的正确思路！

盟友既然找到了，那么要和他一起“共舞”，当然要熟悉并了解他的基本舞步。在本章的接下来几节中，我将会和大家系统性地逐步论述庄家坐庄过程中的各个环节，以便于让大家能正确地认识庄家、走近庄家，最后与庄为伍、与庄共舞。

第二节　谋定而后动之“试盘”

上一节我们先熟悉了一下新中国庄家的基本情况，而接下来本人将会从实战的角度逐步地为大家讲解具体的跟庄战法。

股市在不断发展，庄家的操盘手法和技术也日新月异，不断会有最新、最凶悍的招术发明出来对付新时代的散户股民。很显然，在这里本人的所有跟庄论述只能对庄家坐庄的常规手段作一个基本概括，如要结合实战，尤其是针对目前最新形势下的实战，则必须请各位在掌握最基本的东西后，举一反三。这其实也正是本人所做一切的最大初衷！

庄家经过漫长耐心的等待后，在各种市场环境初步具备发动行情的条件下，会选择合适的目标股进行坐庄。坐庄的第一重要阶段，当然是要建仓。

但正如打仗，知己知彼才能百战百胜。在真正进庄该股前，庄家必须对它的基本情况进行正确细致的了解，即试盘。我们就化繁为简地作一论述，谈谈试盘环节的图表技术表现。

(1)为什么要试盘。

①庄家试盘，是为了知道该目标股是否有别的庄家已经潜伏在内。如果有别的庄家早已经入驻，则该股的筹码吐纳和盘面走势将体现出非散户持有的特征。正所谓一山不能容二虎，准备进入的新庄家必须采取较为稳妥的办法进行解决,如换庄、抢庄、联庄、助庄、放弃等。

②其次是了解目标股的筹码分布情况。在试盘的价格范围内，庄家将根据上档场内套牢盘及获利筹码的抛压轻重，下档场外买进狙击盘的支撑力度，明确将可能有多少筹码会吐出能够被他吸纳，以便于制定正确合理的建仓计划和采用后续的具体措施。

③庄家通过试盘，会先期买进少量的筹码，用于今后正式建仓时做空打压股价使用，以便在较低价位买进更多的廉价筹码。这也就是试盘时当日 K 线上表现出的成交量突然放大，且股价会有短暂上升的根本原因了。

④庄家经过仔细试探，最后确定是按原计划真正进庄，还是放弃对该股坐庄。以回避盲目勉强进庄带来的资金亏损风险。安全第一，获利第二的原则，对散户和庄家，小资金和大资金，同样适用。

(2)试盘的常用方法。

①向上试盘。庄家为了了解该股的筹码锁定度，必须在风平浪静之时出其不意地猛然将该股的股价作大幅的拉升，然后让其自然回落以便测试盘中抛压情况。测试什么呢？如果拉升时有大量的抛盘涌出，说明在该价位完全可以继续展开打压，下方完全可以吃到更低、更便宜的筹码；如果拉升时抛盘稀少，则说明在该试盘价位以下或附近大量收集筹码有困难，必须考虑以更高的成本价格进行拉高收集才能完成建仓任务。

这就是向上试盘。具体的 K 线图表表现就是在风平浪静中猛然出现一根长长的上影线，目的是测试盘中抛压大小，辨明建仓难易(图 6-1)。

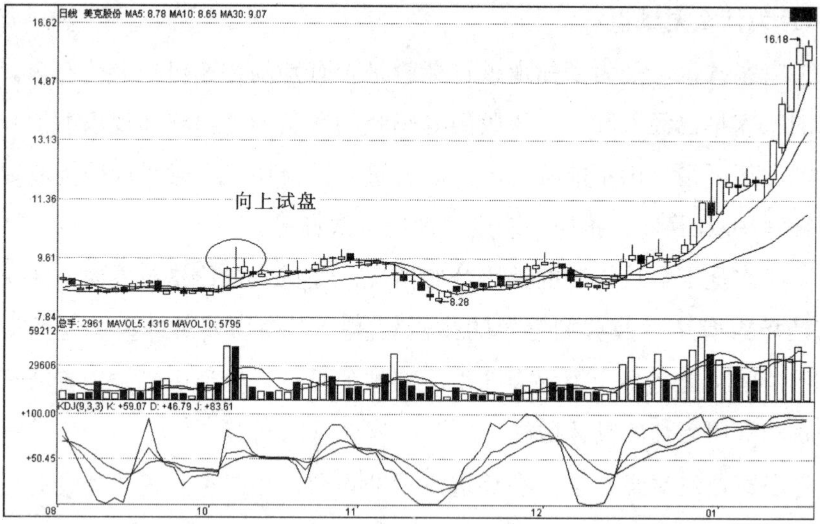
日线 美克股份 MA5: 8.78 MA10: 8.65 MA30: 9.07
16.62
14.87
13.13
11.36
9.61
7.84
16.18
向上试盘
8.28
总手: 2961 MAVOL5: 4316 MAVOL10: 5795
59212
29606
KDJ(9,3,3) K: +59.07 D: +46.79 J: +83.61
+100.00
+50.45
08
10
11
12
01

(a)

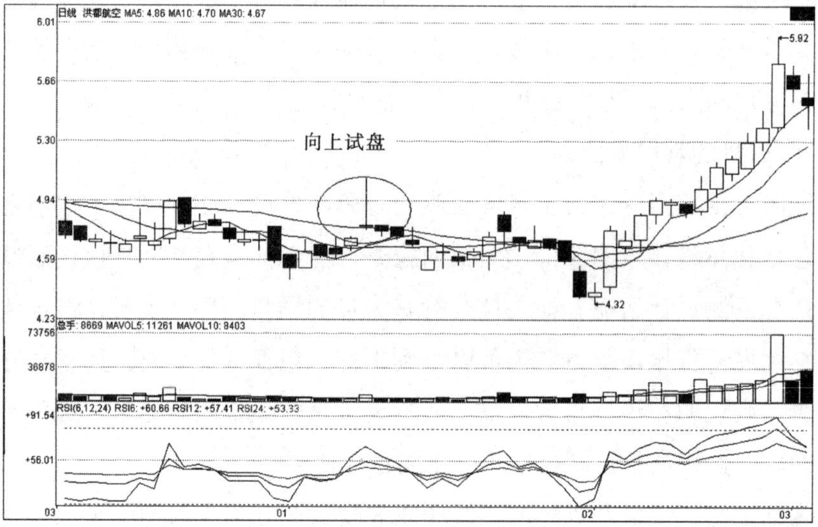
日线 洪都航空 MA5: 4.86 MA10: 4.70 MA30: 4.67
6.01
5.66
5.30
4.94
4.59
4.23
5.92
向上试盘
4.32
总手: 8669 MAVOL5: 11261 MAVOL10: 8403
73756
36878
RSI(6,12,24) RSI6: +60.66 RSI12: +57.41 RSI24: +53.33
+91.54
+56.01
03
01
02
03

(b)

图 6–1　向上试盘

②向下试盘。庄家为了了解市场对该股筹码的买进兴趣，在有准备的情况下用手中的少量筹码出其不意地将股价突然大幅打低，以观察有多少恐慌盘吐出，或有多少场外买盘对它的低价位感兴趣，依此来界定日后建仓的打压极限。如果打压，诱空超出该极限，打出去的筹码就是“肉包子打狗”了，很可能无法再次买回。

这就是向下试盘。具体的K线图表表现就是在风平浪静中突然出现一根长长的下影线，目的是测试场外买盘力度，界定打压极限(图6-2)。

(a)

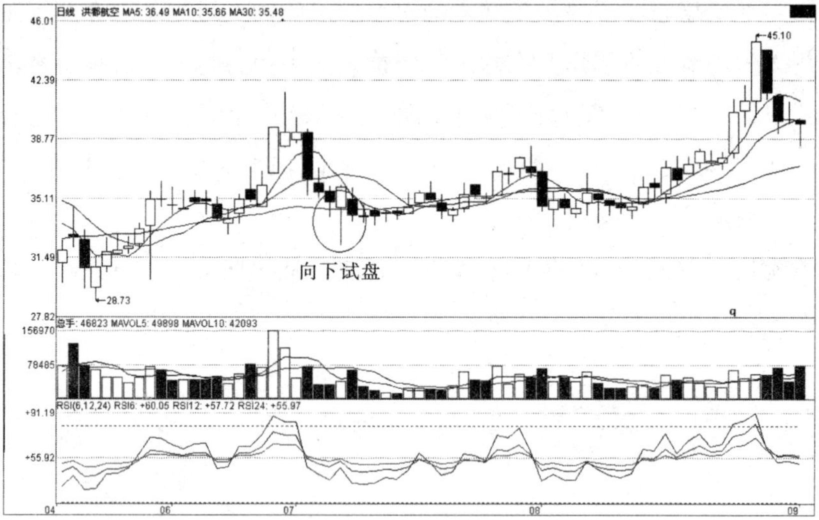

(b)

图 6–2 向下试盘

(3)试盘的盘面特征及两点注意事项。

在大盘或个股走势风平浪静的时候，个股分时图中的股价被莫名其妙地大幅拉高或大幅打低，这个异常特征就说明庄家对该股感兴趣，在进行试盘了。此时我们就应该马上引起注意，严密关注目标股的后续走势的演变，以利于在最好的时机展开跟庄操作，狠狠地狙击庄家。但最后，我要谈两点需要注意的地方。细节方面一定要区分清楚，绝不能抱着一知半解、似懂非懂的心态去看问题。这也是一般选手虽然学习了某种理论技术，却始终无法顺利地运用到实战中获取赢利的最大原因和通病。

判定是否是庄家试盘乃至建仓，必须满足以下条件：日线图表的 30 日均线必须已经走平或即将从向下开始走平！

该点，是正确判断某只股票是否已有庄家进入迹象的必要条件，请务必牢记心中！30 日均线向下，就是完完全全的下降通道，该种情况下即便盘中出现了试盘的盘面特征，也绝对不能草率地认为是庄家的行动，而应考虑有骗线形态的可能。

另外一点，向下试盘必须要和传说中的“送礼红包”图形区别开来。“红包”和刚才我们谈到的“向下试盘”从K线形态上是完全相同的，但绝不可混淆！形态相同，但内在本质和实战意义完全不是一回事！

具体可从分时图去区别，便可一目了然。红包的分时表现，是大幅打低后，瞬间拉回，且单笔必须是大手成交。而向下试盘打低到拉回是一个过程，不是“瞬间拉回”，其成交方面也不是单笔的大宗交易。

第三节　神不知鬼不觉之“建仓”

1. 建仓的实质

经过试盘后，庄家终于决定进庄该股后首先必须完成的任务就是建立必要的仓位，这是庄家坐庄成功的第一步。这是因为庄家只有通过对坐庄目标股的流通筹码实施控制才能对该股的股价波动进行自如且有计划的控制，而这也正是为了给今后的出货环节尽可能地打开空间，以完成“资金→筹码→资金”的转换套利过程。

庄家若想彻底控制一只股票的价格走势以及成交量变化，一般需要持有该股60%以上的流通盘；而中线庄家则一般只需拿30%以上流通盘就可以基本使该股的价量走势变得有序了；超级短线庄家更简单些，只要控制某只股票的10%流通筹码就OK，该类庄家的目的只是快进快出赚取小幅度的利差，而并不想打造什么“黑马”。

在此要提醒大家注意了，跟庄跟的是大庄或中线庄，那些超级短线庄家绝不是我们崇拜的对象，短线庄操作的股票涨得快，跌得更快，有时散户还没闹明白是怎么回事，股价怎么起来的一眨眼就又回到了原地，甚至跌得更深！跟这类庄家无疑是与虎谋皮，是相当凶险的。

庄家的坐庄过程究其根本，其实还是脱离不了“低买高卖”的实质。世界上任何买卖、任何生意，哪怕过程再复杂、花样名堂再多，其终极的目的就是这四个字。

既然是这样，庄家在建仓初期当然会希望以尽可能低的价格吃进尽可能多的筹码来完成原始底仓的建立。而由于目标股的筹码分布结构肯定是处于不同的价格位置，那么庄家必须要运用各种手法来迷惑、恐吓、诱骗股票持有者抛出持股就显得顺理成章、合情合理了。

庄家真正看好某只股票(大盘同理)，他在盘面中会尽其所能让散户感到恐惧和绝望，在图形里怎么难看怎么来，目的就是让你抛出持筹；而庄家真正看淡某只股票(大盘同理)，他在盘面中会尽其所能让散户感到充满希望和一切安全，在图形里则会“画”出假突破、假金叉、假放量等等美丽的线条，目的就是让你买进接盘。

炒股就是炒心，炒股其实就是赌钱！散户花大力气去研究什么高深莫测的财务指标、公司前景、合理估值这样的白痴东西，倒真不如抽空好好研究一下心理学来得管用。赌钱就是个技术活，它唯一需要的就是你的头脑，而不是其他！那些财务数据公司动态，报纸上、F10 里全有，所有股民都能看到、全世界人都能了解到的东西还去看它做什么呢？你能看，我也能看，你能知道，我也能明白，这种毫无特别，毫不能体现优势的咨讯本身就是没有实战价值的！

2. 庄家建仓的不同阶段

和散户经常玩的“一锤子买卖”不同的是，庄家吸筹建仓是分阶段进行的。散户可以在一分钟内从空仓变为满仓，但庄家部队是绝不允许出现这样的情况的！任何阶段庄家都会让资金和筹码保持相互策应的状态，这其实也是体现了安全永远凌驾于获利之上的铁定原则。

庄家部队况且如此，我们散户是不是也该改改自己的毛病了呢？

(1) 原始仓位的建立。

之前看过《庄家试盘》文章的朋友，应该还记得庄家在试盘时曾买进过少量的筹码吧？对了，这部分筹码现在就派上用场了。

建仓开始后，庄家会首先利用在试盘期买进的少量筹码朝着关键的价位实施打压，以连续下跌拉阴线的方式引发长线盘松动出局，先吃进一部分筹码。该动作一般是在个股的30日均线处展开，盘面上可以出现中等幅度击穿30日均线的图形，表现上甚是难看，给人以破位的感觉。成交量上的表现是破位初期并不放大，这是由于股票经历长时间下跌后，其获利盘、止损盘、部分套牢盘基本已经出局，剩余的基本是持股决心较大的中长线盘，所以，前期“轰炸”的效果不会太明显。

第二阶段，当庄家打压至下挡买盘支撑位时(这已经在试盘时测试出了)，就会停止继续下跌，而改用构筑一个上下限价的夹板(类似小平台整理)来进行横向窄幅波动，不时地略破一下夹板下限或略上穿夹板上限，继续造成恐慌及给出些许赢利空间让剩余的持股者终于无法忍耐不温不火的局面而抛出筹码。该阶段的成交量是逐渐温和放大的格局，逐渐放出的成交量正说明了庄家的意图得以实现。而图表上的征兆是30日线由下跌开始转向走平，其技术上的意义是庄家正在逐步不间断地买进筹码。

这部分低廉筹码对庄家而言是极其珍贵的，是庄家今后获取巨额利润的源泉！一般对应于庄家总持仓的40%左右。对该阶段的准确判断，将直接影响到对庄家大致持仓成本的判定，该点是尤其重要的。一旦庄家在某一天放量扫盘突破30日均线，则说明最关键最珍贵的原始仓位的建立工作已然完成。

庄家原始仓位的建立阶段，散户最应注意的是庄家会故意打破重要技术关口和心理关口，制造虚假的图表技术暗示和疲软气氛来动摇持股者的意志(图6-3)。

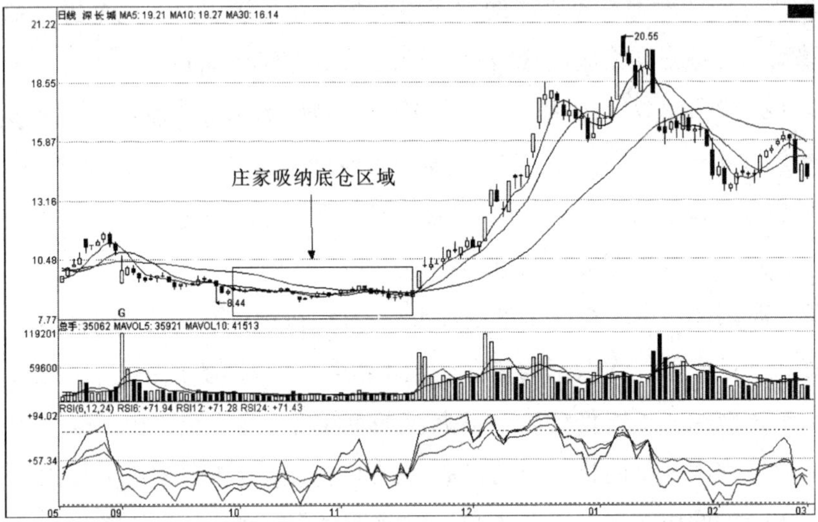

图 6-3 庄家建立底仓

(2) 中段仓位的建立。

完成原始仓位的建立后，为了今后能更轻松自如地控盘就要继续收集更多筹码，来充当第二梯队。这就会呈现出放量突破 30 日均线后的第一波拉高。通过此次短暂拉高的动作，庄家又将吃进占其总持仓量 30%的筹码量。

该阶段在 K 线图表中的典型表现是攻击时的成交量成倍性地放大。这与之前的不温不火、时大时小的情况相比有了质的转变！30 日均线由于向上攻击也初步由走平转向为略略的上升态势。

这个首轮拉高的工作，就是中段建仓的过程。经过这个阶段，目标股的不断上涨将成为今后行情的主体旋律(图 6-4)。

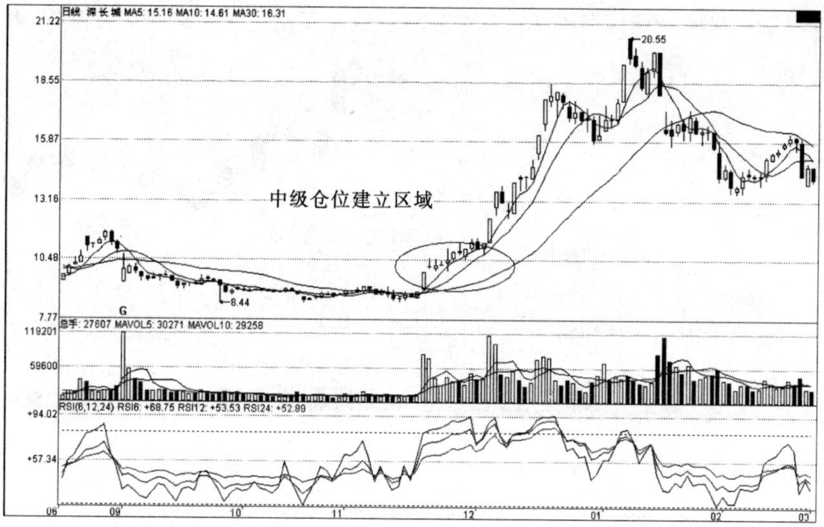

图 6-4 中段仓位的建立

(3) 最后仓位的建立。

庄家在不断拉高股价打开日后出货空间的操作过程中，还将吃进 30%左右的筹码进行高抛低吸滚动吐纳，通过不断地洗盘、震仓甚至盘中的波段套利最后将股价推升到出货的目标价格。这也叫做“拉高滚动仓”。

其盘面表现是庄家会不断地将这部分仓位买进抛出，频繁操作，以达到迷惑跟风者或鼓励跟风者的效果。股票在拉升途中出现的大笔买卖单往往就是出自这部分的仓位的滚动和对倒。但不论盘口如何翻来覆去地反复震荡，该股的股价总体还是表现为一波高于一波的走向(图 6-5)。

庄家的建仓其实是一个贯穿于整个坐庄过程之中的动作，在拉高的前期、初期、甚至于中后期，庄家都有吃进筹码的战术展开。而各个不同时间段所吃进的筹码比例和筹码成本则均是不尽相同的，我们则应把注意力集中放在庄家原始仓位以及中级仓位身上，这一点，对于预研庄家的出货目标价格是极为重要的！

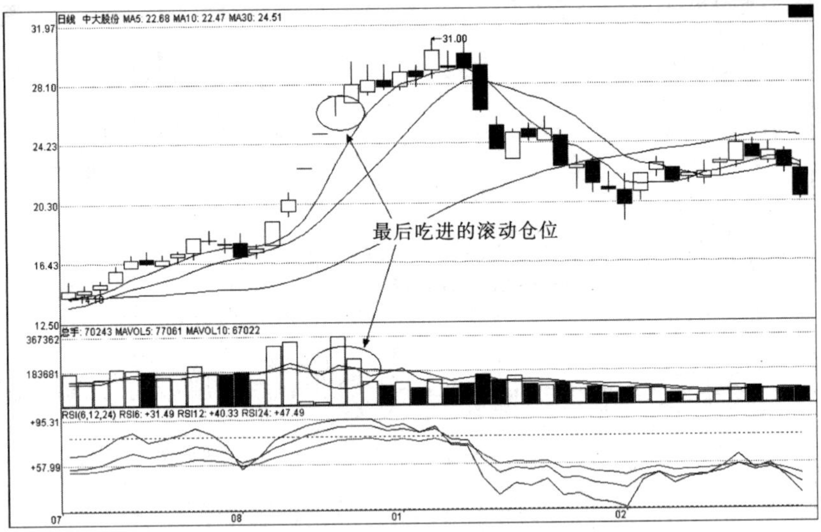

图 6-5　拉高滚动建仓

第四节　平地惊雷之“拉高”

庄家通过试盘进行了筹码勘测并利用先投资金完成了原始仓位的建立后，只剩下向上拉升这一条途径。在前期投入了大量人力、物力和财力的情况下，庄家已经没有任何退却和变卦的余地，逐级地拉高股价是唯一的出路。所以，该阶段其实也正是庄家的咽喉所在，要狙杀，就在这个时候。

1. 初期拉高

原始仓位建立完毕后，庄家将展开第一波的拉高动作，也就是初期拉高。初期拉高最主要的目的是为了使目标股的股价迅速地脱离原始仓位的成本区，进入一个相对安全、攻防兼备的地带。因为股市是一个风云莫测、喜怒无常的场所，大盘的系统性暴跌风险以及目标股本身的基本面风险都是属于人算不如天算的问题，所以，尽快地先拉出一段利润以防不测是建仓初步完成后的当务之急。初期拉高的另一个目的，当然就是顺道再吃进一部分筹码，逐步完成中级仓位的建立。

该阶段的技术表现是，一，目标股所有的均线系统、指标系统得以快速修复，全部成为完美标准的多头排列状态；二，成交量明显放大。成交量能的放大显示出庄家拉高时扫货的决心，同时从另一个侧面也反映出散户套牢大军在长时间饱受折磨之后，眼看股价突然大涨而使得亏损骤然减少，甚至获得解放时的“激动”心情，如难民潮般涌出的解套盘、止损盘也正是造成量能急剧放大的一个原因(图 6-6)。

这里，也顺便提醒所有投资者注意，长期套牢后一旦解套，请先考虑一下主力为什么下决定来解救你，而不要急于争先恐后地拔脚就逃。主力解放你是良心发现了，还是他过生日搞特赦？主力不是开慈善堂的，更不会学雷锋，能让你跑，他们自然就有足够的把握让你在跑了以后更加后悔，再次崩溃。

很多人熬得住输钱，但在补回损失后往往就缺乏转而敢于赢钱的勇气了。这是一个普遍现象，也是我们学习初期拉高所必须要衍生出来的一个重要认识。

图 6-6　初期拉高

2. 中期拉高

在初期拉高完成以后，庄家的仓位已进一步增加并对目标股的盘面情况基本了解熟悉，此时就会采取中期拉高的操盘动作。中期拉高的唯一目的就是使股价涨到高位，以利于今后的出货。

但由于通过初期拉高，目标股的技术系统已呈现出较明显的多头态势，市场中部分对技术分析略知皮毛的人早就看出端倪，他们自己，包括经由他们“指导”的一些人会在股价放量突破某个重要关口时跟风买进。而这种情况，是庄家不能容忍的。因为假定散户跟风盘的获利度太高的话，势必随时随地在庄家之后的操盘环节中形成不可预知的突发性抛压力量，将会极大程度地干扰庄家的预定部署，所以，庄家就会采取洗盘震仓的战术将大众跟风者诱杀出局。同时，任由散户们在自己拉升途中大发横财，也是一件是可忍，孰不可忍的事情，庄家在感情上也是很难接受的。

拉高，洗盘，再拉高，这个循环不是一次性的简单操作，而是反反复复的组合型操作。它可能是进行两轮，也有可能是三轮、四轮，甚至更多。其盘面特征是K线形态呈波段式向上攻击，但总体依然是涨多跌少，股价坚定不移地朝着更高的价位进发。

该阶段的成交量方面，初期是温和放大的局面。这是由于中期拉高的前半段，庄家还在进行吃货，加上跟风盘的反复进场又被反复震仓出局的多空激烈争斗所造成的。但在中期拉高临近尾声时，成交量会有一个极度萎缩的状况。这是因为历经多次的洗盘后盘面浮筹已被基本清理完毕，庄家对流通筹码业已彻底得到控制，而仓位上也达到了坐庄计划的预期目标，无需再过多吃进了，此时的拉高凭借的就是一股上冲惯性，缩量攻击是必然的格局(图6-7)。

请牢牢记住：一旦发现某只股票突然出现了大幅度缩量上涨的情况，则意味着行情马上就要进入最后拉高阶段了。之后的上涨，将是典型的搏杀游戏，是赚完走人还是高位套牢，全靠你的身手敏捷程度是否良好。很多人就是在此处出现致命的误判，把最后的拉升错看成再次暴涨的启动点，把原本

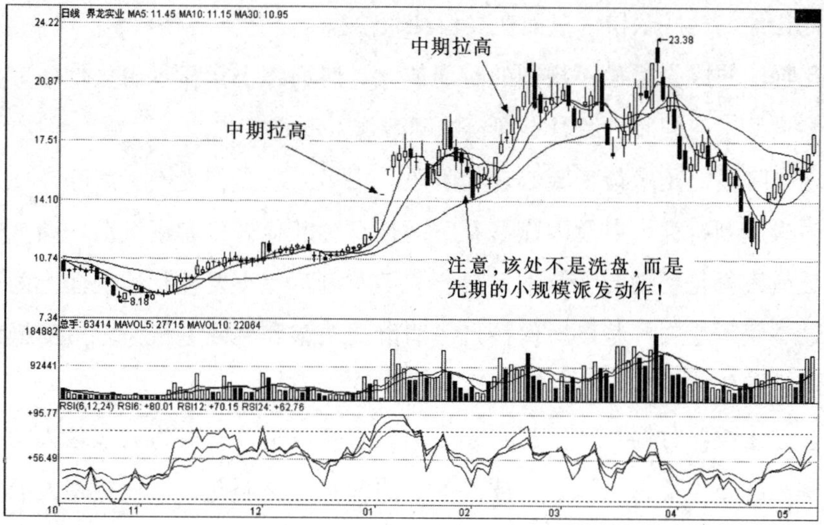

图 6–7　中期拉高

很漂亮的一次跟庄行动彻底断送，在离天堂只差几步路的地方一下子堕入人间地狱！

3. 末期拉高

通过中期拉高，目标股的股价基本已达到庄家的既定赢利预期，庄家接下来要做的就是进行最后阶段的冲刺，为其后的大规模出货做好准备。

末期拉高的唯一目的就是出货，这是一个相当关键的重要认识。这一阶段是考验人类心理承受能力极限的环节，庄家会施展浑身解数来激发你的贪欲、诱惑你的情绪，如果没有扎实过硬的盘面功底的话，此阶段是最最容易中招的。

末期拉高其实又能细分为两个小阶段。

(1) 第一小阶段。

进入末期拉高的初期，最显著的特点就是股价如同火箭发射一般地大幅加速上冲。可观诱人且势不可挡的拉升，一方面是为了使所有的散户持仓盘均能心存幻想地继续捂股不至于过早离场；另一方面也给予那些尚有理智的场外观望资金造成血淋淋的“踏空”痛苦，一而再，再而三地砸空、逼空态势最终让他们彻底认错，进而在高位冲入接盘。

此阶段的成交量呈不规则的时而放大、时而缩小，显示出虽然庄家控盘度依然良好，但同时已经有小规模的隐蔽派发动作产生。

这个阶段，是最最考验心理的阶段。很多人就是在受不了眼睁睁地看着天天错失赢利机会，以及因谨慎看空而被身边其他做多者嘲笑后一赌气进场的，这或许就是所谓的晚节不保吧。关键时刻，绝不要被行情表面上的气贯长虹之气氛所左右，坚定地保持自己清醒的头脑和判断是极为宝贵的操作素养，也是避免被庄家欺骗、误导的不二法门。

总之在任何时候，当你听到或看到做空者已沦落到成为大多数人的笑柄的时候，就必须警惕一下了。被人讥笑的未必是傻帽儿，而取笑别人的却极有可能是真正的冤大头。

(2)第二小阶段。

这个是末期拉高的尾声阶段，如果你不想傻乎乎地留下来为主力刷碗洗筷收拾桌子，这是最后的离场逃命机会。

这个阶段的典型特征之一是成交量再度急剧放大。成交放大的根本原因就是原先犹豫不决的场外观望资金实在无法忍受庄家凶悍无比且义无反顾的大幅拉升而纷纷追高买进，与此同时，庄家也开始秘密地逐渐将筹码兑现成现金出局。

第二个特征是震荡幅度加大，但总体涨幅却在收窄。这一现象是比较容易理解的，散户们在疯狂地进入“抄底”，庄家在出清所有存货前也必须要把股价维持在一定高度上不至于过早崩盘，所以呢，不会再有更大的冲高，却也跌不太深，表象上大致就是一个多空激斗的情况。

另外，此阶段的利好消息会出奇地多。报刊、电视、广播里的正道消息此起彼伏，股评家们也会竭力帮着吹嘘。什么该公司的业绩大幅提高了，什么有资产重组的内幕了，甚至于董事长被评为年度杰出青年等等乌七八糟的事都会有。又或者突然间你的朋友会给你传来某某消息，隔壁邻居王大婶又给你传来某某消息。这些，都是出货的前兆。

跟庄，能跟到末期拉高的份上，不是技术好就是蒙得好，吃完了也就该抹抹嘴走人了，留下来是不会再有宵夜的。

再强调一遍，当末期拉高进入到放量不涨的阶段应即刻撤离火线，绝不能抱有一厢情愿、自以为是的丝毫幻想(图 6-8)！

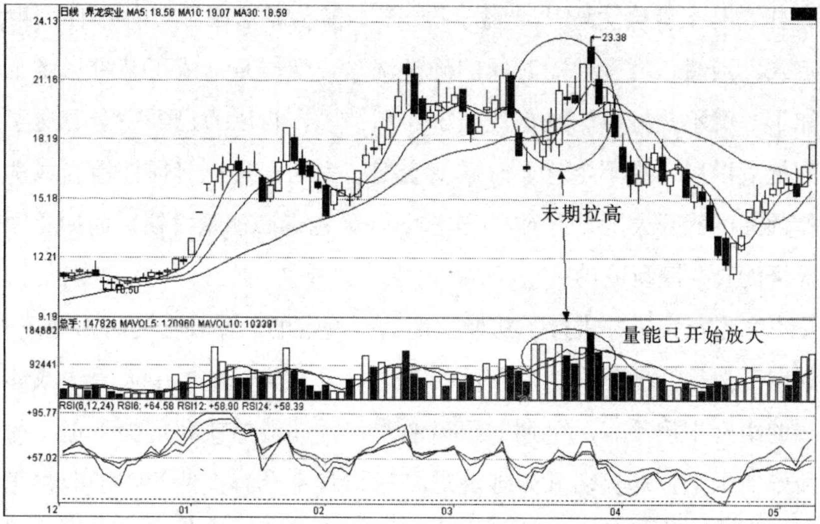

图 6-8 末期拉高

第五节 故布迷阵之“洗盘”

虽然本书把洗盘问题作为一个独立的小节来讲述，但其实它是一个贯穿在庄家整个拉高过程之中的环节。这是大家首先需要明确的概念。

洗盘的主要目的就是为了防止跟风的人利润太大，以至于在关键的价位向下抛，干扰庄家的操盘计划甚至把庄家套住。

1. 洗盘的几种主要方式

(1)向下洗盘。

这是大多数人都比较熟悉的洗盘方式。当股价涨升一段时间后，只要一跌，有些人马上就会大呼“洗盘了”，差不多已经形成了一种条件反射般的思维定式。当然，大多数的时候的确是洗盘，但一旦形成了某种思维上的固定认知了，就不是好事。洗盘洗惯了、叫惯了，自以为已经完全看透了庄家洗盘的把戏以后，指不定什么时候就会把庄家的出货也习惯性地当成洗盘来看，那玩笑可就开大了！看对 99 次洗盘，你也未必能赚大钱，而如果中一次招，很可能会彻底玩完的。

在庄家建仓完毕并进行了初期拉高后，洗盘的动作就会随时随地展开了。所谓的向下洗盘，就是在小规模的拉升之后，突然以单根中大阴线或几根中小阴线的组合来泼冷水。早期的跟风散户在好端端的获利形势下正在憧憬着更为美好的未来，却莫名其妙地遭遇打压，肯定会有煮熟的鸭子即将飞走的不安心态产生，为了保存一些胜利的果实，为了不至于从赢钱的状态再次回到亏损的境地，他们会选择卖出。这是人性的弱点使然，也是深谙心理学真谛的庄家巧妙诱导的必然结果。

向下洗盘一般都发生在股价上涨的初期阶段，而在拉高的中后期主力则一般不会轻易采取该种洗盘方式。这是由于在中后期的关键阶段，向下打压会引起中线筹码不必要的猜疑和恐慌，一旦引发筹码松动极有可能造成系统性的风险。另外，向下打压的洗盘动作还是会从一定程度上去遵循技术面的，下跌幅度不会乖离短期均线太离谱，通常来说 10 日均线就是打压的极限位置(图 6-9)。

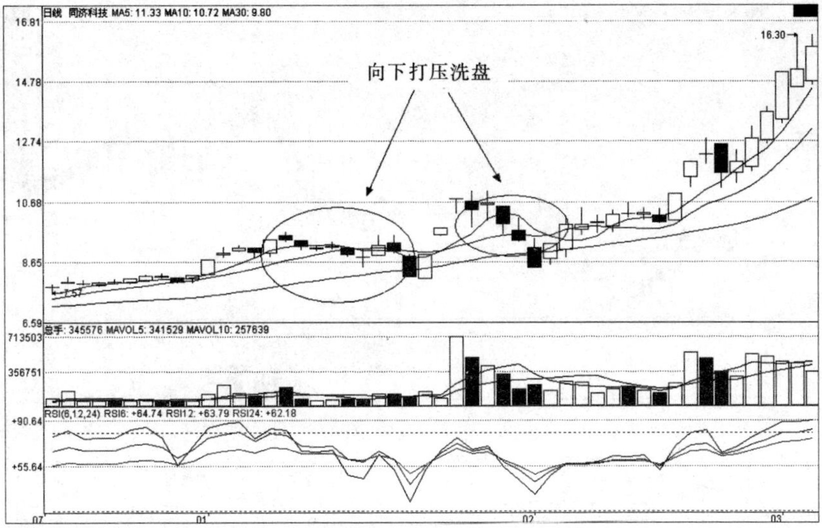

图 6-9　向下洗盘

(2)横向整理洗盘。

如果说向下洗盘是利用了人们担心到手的利润可能会失去的恐惧心理的话，那么横向洗盘就是利用人们对未来方向的不可预知性的迷茫心态来实施逼筹。

庄家把股价拉升到一定高度后突然停止拉升，然后采取较长时间的小幅震荡形式进行横向整理。该段横向整理，通常是不理会大盘的独立走势。大盘跌，它盘整，大盘涨，它也盘整，总之就是不涨不跌，不温不火，宛如螃蟹一般横着爬(6-10)。

面对这样半死不活的横盘格局，大多数人会吃不准，涨得好好的，怎么说蔫儿就蔫儿了？散户们对其后续的行进方向、横盘所要花费的时间、背地里可能存在着各种各样不可预测的基本面风险都会大感迷惑，在绞尽脑汁苦苦思索后终究还是得不出明确的答案，于是乎很容易就萌生出与其不明不白地等待和受煎熬，倒不如卖出了断来得痛快的消极念头。

该种洗盘手法一般用于目标股已有一定涨幅的中期拉高阶段，且大盘背景处于基本良好的状态之下。大盘在涨，手中持股却不死不活的情况，是多

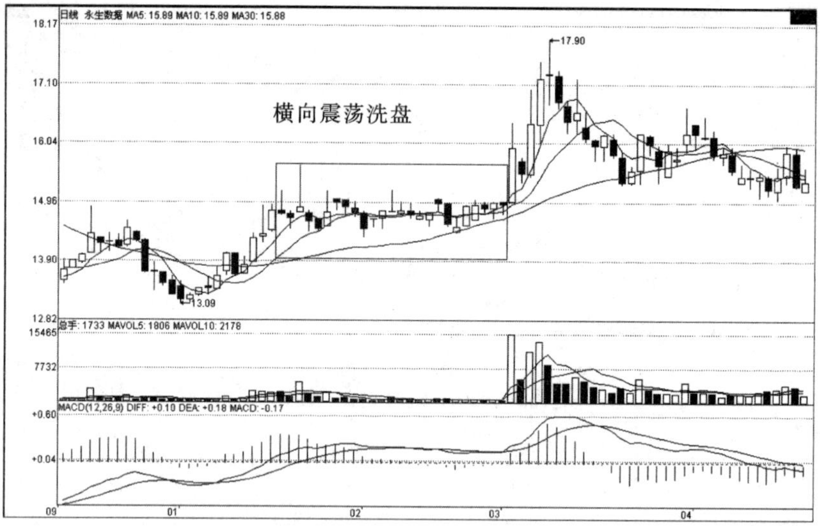

图 6-10 横向洗盘

数人所不能承受的，这就为庄家赶掉跟风盘同时进一步增加自身仓位提供了方便。

初级拉高阶段，庄家是不太敢冒险使用横向洗盘的，其一是因为此时庄家的原始筹码尚未大幅脱离成本区，花长时间去横盘是有损于资金使用率的，他们玩不起。其二，初级拉高阶段目标股的涨升幅度还不是很大，稍有头脑的人都会很明显地看出这个横盘平台不会是出货动作，和庄家抢饭碗的低位狙击盘肯定会远远多于卖出盘。

(3) 向上洗盘。

向上洗盘也称拉高洗盘，是一种不太常用的洗盘方式，它只适用于某些特定或特殊的背景之下。

大盘走势极度强劲的情况下，散户们的做多买进热情空前高涨，几乎就像饥不择食的狼群。庄家此时若还是教科书般循规蹈矩地使用什么向下洗盘或横向洗盘手法，抛出去的诱空筹码将是肉包子打狗有去无回，所以在这种状况下唯有采取强悍的拉高洗盘方式来完成盘面浮筹的清理工作。

另一种情况是，庄家的操盘资金在时间上有一定的紧迫性，不允许他们过多地玩弄技巧而必须是尽可能地速战速决，无奈之下也同样只能采取拉高洗盘。

拉高洗盘是洗盘手法中的特殊变型，属于不得已而为之的手段。

该洗盘方式的特征是向上攻击的同时伴随着短线剧烈震荡，表面上颇有一些见顶出货的味道。庄家利用盘面中每天的大幅上下振荡以及客观上的赢利空间，来逼出获利盘、吓出止赢盘、折腾出短线止损盘(图 6-11)。

类似这样的边拉边洗的洗盘方法其操作成本相应就会提高，但正如刚才所说的，一旦庄家决定这样做，肯定就有着这样或那样的不得以的地方，实在也是没办法的事情。从另一个角度来看，它也在一定程度上达到了以时间换取空间的效果，对成本的提高也起到了些许弥补作用。

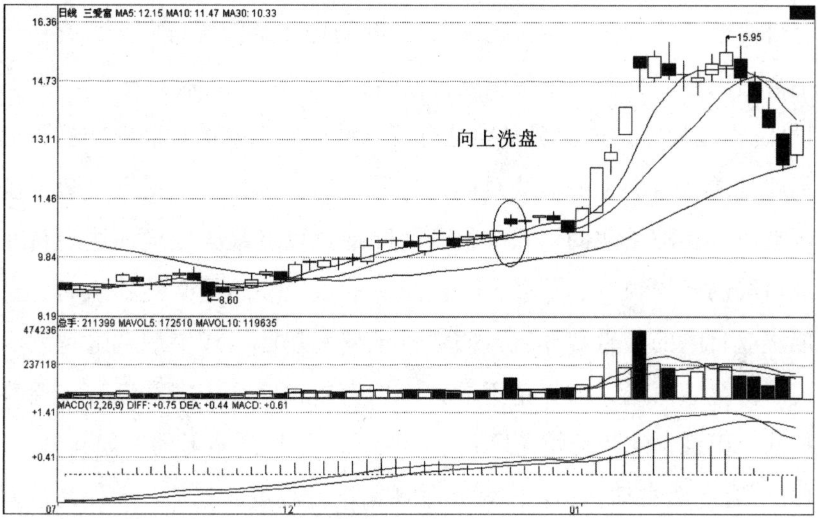

图 6-11 向上洗盘

2. 洗盘和出货的本质区别

大家都已经了解了，洗盘的方式总的来说有三大类：向下洗盘、横向洗盘和向上洗盘。可关键的问题是实战时如果碰到疑似洗盘的形态，怎么去判断它仅仅是在洗盘而不是出货？要知道，庄家出货的手法也大致是分为打压出货、横盘出货和向上拉高出货等几大类，表面上和洗盘动作是极其相似的。如果把洗盘错看成是出货，倒也算了，最多是没赚到，但不凑巧把出货错看成是洗盘的话，那可是要出人命的。

任何事情，都讲究透过现象看本质。洗盘的技术表象虽然和出货的技术表象真假难辨，但两者之间是有着根本上的区别的。

猪鼻子上插根大葱，也永远成不了真正的大象。

以下是界定洗盘与出货的专业化标准。

(1)洗盘过程中，目标股周线图表中的30周均线的方向必须处于依然向上或至少是走平的状态。洗盘，只是为了清除盘面中的散户跟风筹码，是一个假抛、假跌的技术动作，短线均线系统发生的向下回落甚至是死叉是允许的。但是，无论如何不应波及到周线图表及更高周期级别的图表之内！这是个没有讲价余地的底线。换言之，只要30周均线继续维持向上，就决计是洗盘而不会是出货。反之，则要摸摸自己的脖子，注意生命安全了。

(2)洗盘过程中，成交量必须是有规则地逐级缩减的。庄家实施洗盘战术的初衷就是清理盘面中的短线浮码，把所有的获利盘、止损盘、套牢盘全数吃尽，把所有上蹿下跳的活跃投机分子吓退，以便最大限度地达到高度控盘来完成后续的轻松拉升。所以说，洗盘后的成交萎缩是必然的结局，它是庄家完成洗盘目的的最直观体现。假定盘子越洗越乱，成交量越洗越大，那还算哪门子洗盘？再者，成交量不放大，也直接说明了庄家并没有在调整当中大面积沽空出逃，这也恰恰是区别于出货的一个最最本质的表现。

(3)所有的洗盘动作的振幅都是呈现出逐渐收敛的趋势，即便是拉高式洗盘时的震荡，其幅度也远远小于出货时振荡的幅度。洗盘是为了扑灭持股者的幻想和耐心，同时最大限度地减少短线客的交易热情，解决这一问题的最好办法就是不提供足够施展短线套利技法的涨跌空间，股价波动幅度越来越小，最终使那些本就喜欢朝三暮四的散户们难以忍受平淡无味的走势而去另觅新欢。

第六节　风云突变之“出货”

1. 出货的必然性

十年寒窗苦读，只为金榜题名。庄家在花费了大量的时间和精力百般折腾之后，终究还是要完成筹码到资金的最后转换，使巨大的账面利润真真实实地变为现实赢利。

一只庄股，无论它之前涨得是如何地惊天地泣鬼神，最终还是会进入出货这个环节。庄家进场坐庄，是为了钱，而不是来解救天下的散民。再好的股票，一旦到达了做盘的预期目标价格，庄家就会毫不手软、绝不留情地抛弃掉，不会再有半点昔日的温存。

但要命的是，散户们却恰恰相反。看到什么股票涨得厉害了，就对其念念不忘，总觉得它的明天会更美好，甚至会憧憬和编织出诸多理由来为自己打气，宛如把股票当作是老婆一样不忍割舍。相对于庄家的玩完就走人，散户们的确堪称多情种子。

正是由于散户投资者在思维和心态上存在着的天生弱点，他们往往会把庄家的建仓看成是出货，又把庄家的出货看成是建仓，颠倒错乱得一塌糊涂。更“曼妙”的是，有些人在跟庄初期还尚能有一个较清醒的认识，但跟着跟着就忘记了自己其实是在从事着刀口上舔血、老虎嘴里拔牙的高风险工作，眼见股价节节高升便忘乎所以了，就忘记了庄家的存在，忘记了世界上还有出货这档子事，竟然安安心心地立志成为公司的长期股东了。

所以从某种意义上讲，在所有风险博弈市场中的庄闲对决，未战，其实却胜负已定。

2. 出货的时机和背景

出货是整个坐庄行动中最最关键的一个环节，前期的所有工作都是为了出货在作准备。一旦出货环节上出了问题，导致筹码无法顺利派发到散户手中的话，坐庄就会全盘失败，之前的一切哪怕做得再好，也是枉然。

正是因为到了胜败在此一举，输赢就看这一把的生死关头，出货也是一个极为保密的环节。其他时候，庄家是允许放出点风声让内部人员的亲戚朋友跟一下的，唯独在出货时是绝不会透露半点消息，这是坐庄操盘过程中的铁的纪律。所以，如果你听到某某人对你说“这个股票的庄家跟我讲要出货了”的话，肯定是假消息！没有任何一个庄会告诉别人他出货的计划。

庄家出货一般会在如下情况下实施

(1) 庄家的坐庄赢利目标价格已经到达且大势正处于相对平静或良好的状态下时，当然就会有预谋、有计划、有条不紊地实施出货。这是一个最为常态的情况。大盘背景的相对平静和良好是实施一次完美出货的基本条件，因为此时场内买进做多的气氛相当浓烈，正好为庄家秘密派发筹码的动作大开了方便之门。

(2) 庄家的操盘资金发生状况，可能面临着随时断链的危机，后续操作将无以为继，这样的情况下庄家会省略去一些做盘环节而直接快速进入最后拉高冲刺并转手派发沽空离场。

(3) 在大盘发生系统性暴跌风险时，庄家会被迫放弃坐庄计划，而采取不计成本的凶狠手法不顾一切地砸盘出局。如 2007 年著名的“5.30”暴跌行情就是典型的范例。该种情况虽然是庄闲双方都不愿意看到的情况，但却不得不防，此时绝不可以拿简单的庄家成本来判断其操作意图，因为面临大势上的暴跌风险时庄家考虑的也是先保住性命，他们也照样会割肉。

3. 出货的方式

(1)拉高式出货。

该出货方式其实是贯穿于最后拉高阶段和出货阶段之中的行为，用四个字来概括就是“边拉边出”。实施这种出货方式时目标股股价一般都已冲过预期出货目标的 10%以上，有足够宽裕的空间供庄家操盘手玩弄技巧。操盘手先在高位吃进一些筹码并进行对倒放出巨量，跟风盘看到盘口显示出的均为主动性买盘，便认为主力仍在买进拉升，风险不大，所以会继续持股待涨或大胆加仓，其后，庄家就会逐渐进行出货，把筹码悄然从容地交给跟进的买盘。

庄家在这里高位买进的的确是真实性买盘，但他们采取的是类似买进 10 万股、卖出 30 万股的少吃多吐的迷惑性手法来混淆散户视线，以达到让跟风盘托住股价同时自己可以在次高位出局的目的。很多人自以为聪明地揣摩庄家的买进成本，觉得庄家在这个位置依然在买进，怎么可能说出货就出货了？一旦遭受套牢后就会大惑不解大喊冤枉。其实，庄家和散户的操作是有些技巧上的区别的，他们有时也会违背“低买高卖”的原则而去“高买低卖”，当然，庄家是不会傻到去做赔本买卖的，只是这其中买和卖的数量上大有玄机罢了。所以，看问题要看本质，而不能仅仅流于表面，这在任何事情上都是很重要的。

因此，当股价经历一定时间及幅度的涨升后，如果出现高位有不规则放量并且 K 线形态经常带有长上影线迹象的话，就必须要引起高度警惕了(图 6-12)。

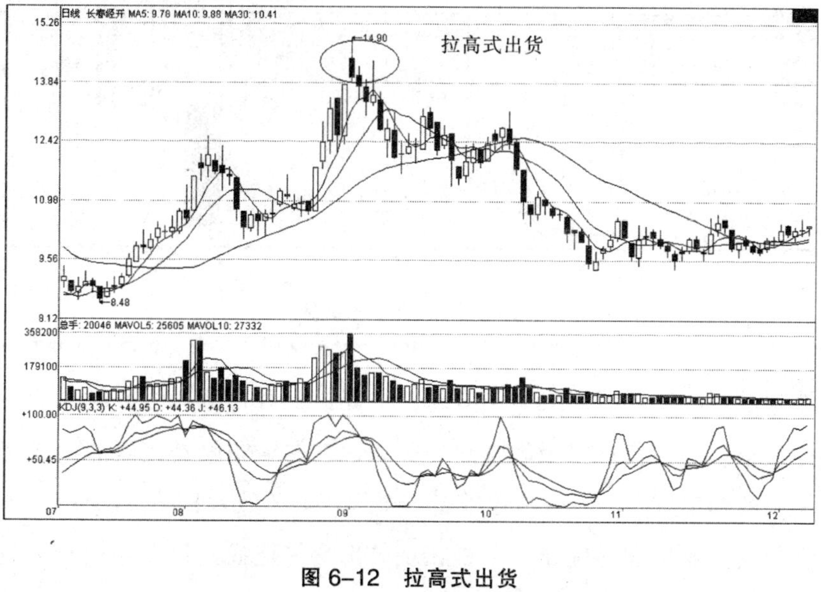

图 6-12　拉高式出货

(2)涨停板出货。

这其实是拉高式出货的一种变形。庄家利用大盘走势相对较强的某一天趁机将目标股拉到涨停价位，并堆积上巨大的买盘引诱散户追击跟进。等到排队等候的散户买盘到了庄家所满意的数量，庄家就利用时间优先的交易规则逐步撤掉最初自己挂出的买单，放在买盘的最底下，紧接着就转手卖空。那些原本以为排队到下午也未必能成交的散户，一下子就莫名其妙地全部插队成功了，深感疑惑的同时也察觉到了不妙，不过可惜，一切都晚了。

所以说，当股价经历一定时间及幅度的涨升后，如果出现封涨停却成交明显放大的情况，千万不要有任何的幻想和激动，因为这极有可能是庄家在借用小技巧实施存货大批发(图 6-13)。

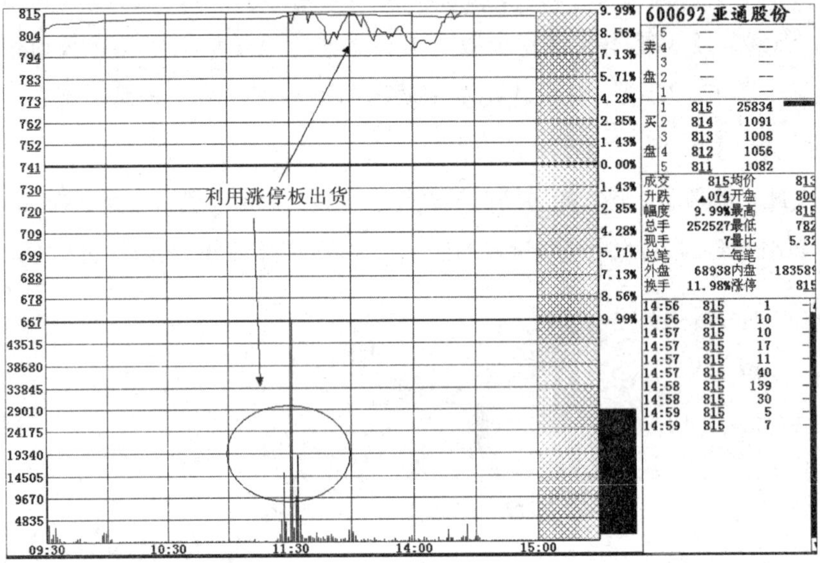

图 6-13　涨停板出货

谈到这点，还要衍生出一个概念。很多投资者普遍认为，能封涨停的股一定是庄家接盘扫货意愿极为强烈的股票，它的意图就是突破前期成交区来逼出所有的套牢筹码。但这恰恰就是一个很容易招致亏损的片面观念。

且不论庄家拉涨停究竟是不是在玩弄出货的把戏，封涨停就一定是为了让散户卖，他自己吃吗？答案是否定的。散户想出掉筹码，他或许会在涨5%左右卖，也可能在跌5%左右卖，但如果突然看到封住停板了，他会怎么想？大多数人的感觉是觉得主力要发飙了，原先想卖的也会再等等，看看第二天是不是会有第二个涨停。请大家扪心自问地回忆一下，是不是这么一个心态？所以说，封涨停的动作在很多时候非但不是要逼出散户持筹，反而是为了更好地锁住筹码不希望散户先卖。不希望散户先卖，这是个什么概念？我想也不用我多啰嗦了吧，再说了太直白了。

(3)缓攻出货。

这也是拉高出货的另一种变型。操盘手会在各个买盘位置全部堆砌上几百手甚至几千手的大买盘，同时在各卖盘位置上堆上相对较不显眼的卖盘，并通过适当的操作技巧维持股价的缓慢盘升。在如此明显的数笔大买单的暗示和诱惑下，时间久了肯定会有不怕死的人冲进来买，可这就是一个愿者上钩的局，庄家是抱着卖一点算一点，来一个杀一个的心态在钓鱼。

有人也许会问，买盘上全是庄家自己的单子，万一有人照着买单砸，庄家不是就吃进了吗？这其实也同样牵涉到心理学的范畴。一般来讲，庄家摆出这样的布局，营造出买盘汹涌的气氛后，散户肯定是会昏头的，即便有想卖的也总是会希望卖在更高的价位，而不会随随便便地照着下面的买盘出。

庄家是心理学方面的顶尖高手，他们绝对清楚在什么样的地方该用什么样的方法去激发出散户们不同类型的人性弱点。所以，千万不要为庄家去担心，担心自己就行了。

(4)打压出货。

庄家在大盘背景及资金面不允许他们花更多时间玩弄技巧的情况下，会采取极为毒辣的打压出货手法。

只要股价已进入预期出货目标区域后，庄家便会在某一日大幅高开后即开始出货，只要盘口中出现买盘就毫不手软地坚决砸掉，甚至一路杀到跌停板也在所不惜。而很多短线投机客在受到最高价位的对比误导后，一看股价如此便宜，甚至有百分之十几的差价幅度，常常就会有抢反弹的冲动产生。但事实上庄家早就去意已决，你想买多少他就给多少，此时若起贪念，造成的唯一结果就是吃不了兜着走。

该种出货方式体现在盘面上是一根甚至是连续数根高开低走的巨量阴线，杀伤力道非常惊人，一旦中招将宛如一脚踏进十八层地狱(图 6-14)。

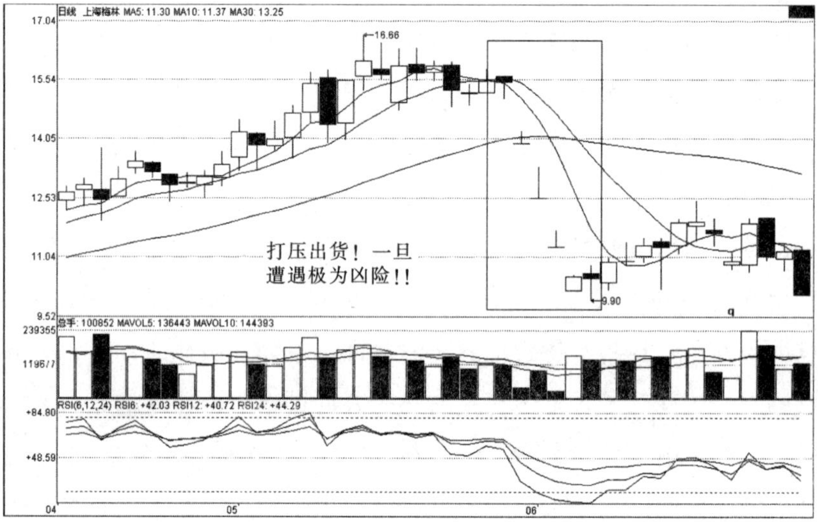

图 6-14 打压出货

(5)小单缓跌出货。

有些庄家由于坐庄时间充裕，会采用小单量缓慢出货的方式。他们每次只卖出一千股、两千股，就算哪天喝了点酒兴致上来了也最多就搞个八千股左右，根本不会超过一万股。碰上这样的超级慢性子庄家也是很头疼的，因为目前世界上还没有任何一款智能分析软件能把这样的盘口动态归入出货的范围，一切都是在风平浪静中悄然进行着。庄家在慢吞吞地卖，散户在乐呵呵地买，他出完了，散户们正好满仓。

这种出货方式虽然并不流行也不多见，但哪天你发现某只股票始终呈缓跌状态，成交看似也不太大，可是重心却在不经意间逐渐不断地产生下滑，那就要务必引起重视了。如果经核实该股在前不久的确曾有过一段大幅飙升的行情，那么，传说中的慢性子庄家或许就被你给碰上了。

(6)横盘出货。

庄家将股价拉升到预定的出货价格区域后，在当时的大盘背景及资金使用状况都允许的情况下，他们会将股价维持在一个相对的高位进行横盘整理，使得尽可能多的筹码能卖在最高的价格。

在这里，庄家其实是利用了部分技术派人士的思维定式来做圈套。大家应该都已经了解了，庄家在进入拉高阶段后便会不间断地进行洗盘，即拉高后、小平台整理、再拉高的复合式组合操盘，经过数次这样的操作示范后，一些善于盯盘、略懂技术分析的股民就会自以为已经抓住了庄家的操盘规律、掌握了庄家的进退节奏。庄家正是利用了这一点，在最后真正的出货阶段依然构筑出酷似当初洗盘时的技术图形，让那些已经习惯于逢平台整理就大胆杀入的散户按老规矩老办法再度进场接盘。

请记住，庄家在短中长线的战局中都经常会使用这样先给点甜头，然后秋后算总账的手段来杀灭自视过高的有文化、有知识的技术派股民，所以，在任何时候都千万不要在头脑中形成一丝一毫的思维惯性！

但是，出货就是出货，表面上一样的横盘整理平台其本质是决计不同的。横盘出货和横向洗盘的最大区别首先是在于成交量，横盘出货时，其成交量显示为不规则的突然放大或突然缩小，一切都是无序而杂乱的，场内大资金的松动和溃逃迹象一览无遗。其次，横盘出货时K线组合的震荡幅度开始加大，上下影线频繁出现，说明主力希望通过短线上提供的差价空间来吸引短线客进场交易，这恰恰和洗盘时的战术意图截然相反(图6-15)。

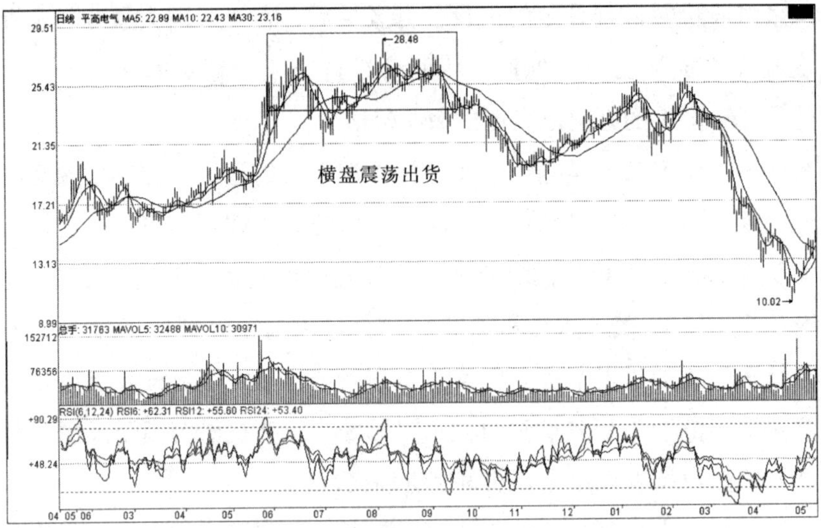

图 6-15　横盘出货

(7) 反弹出货。

反弹出货是出货行为的一种后续操作，它的目的是为了出清最后剩余筹码，同时顺便利用技术系统上的配合最后捞一票。

当庄家做到反弹出货阶段的时候，他的货其实已经基本出干净了，剩下的只是仓库内的少数存货而已，此时庄家会借助盘面中的恐慌气氛利用手中最后的弹药将股价大幅砸低，一举洞穿并远离下方的重要均线只撑位。照理说这时庄家已经彻底出货完毕，行动也该划上完满的句号了。但是嗜血的天性和高超的技术决定了庄家还会最后来一次搜刮(图 6-16)。

由于股价快速下跌乖离重要均线幅度过大，市场中的技术派人士又开始冒泡，所谓“超跌后必将反弹”、“跌破均线后必然会回抽”等等的声音又开始充斥耳膜。庄家就顺势再度在这样一个超跌的技术位置买回部分筹码做出一波反弹行情，并在触及上方均线时卖出获利。更有少数极端变态的庄家会故意反复几次发动如此的反弹行情，在榨干该目标股最后一滴油水的同时，利用相同的技术形态刻意造成跟风散户的思维惯性，在数钱走人的最后时刻还要再套一批人。

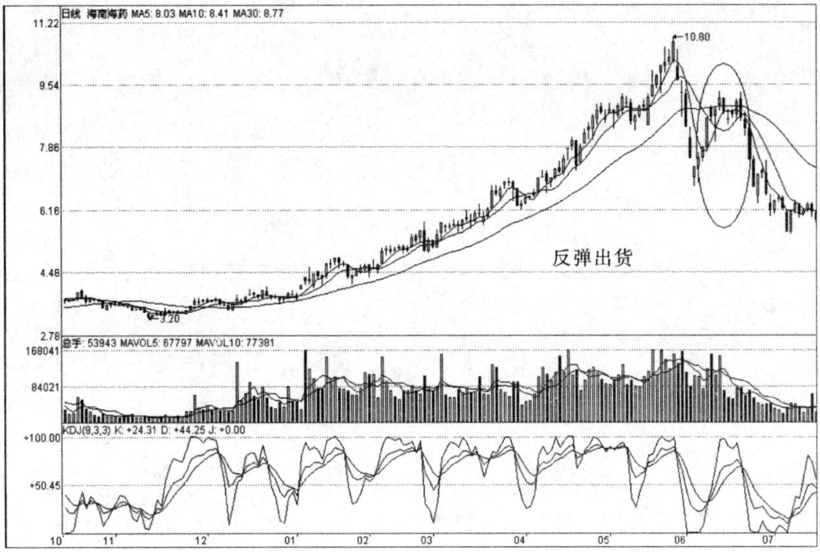

图 6–16　反弹出货

这个反弹出货的技术动作在各种出货类型之后均有可能出现，且运用的相当广泛，散户若能注意分寸、拿捏妥当的话的确是一个减少损失甚至是直接赢利的大好机会。但正所谓人心不足蛇吞象，某些劣根性并不是靠一两句话就能解决的，很多人在平时没什么状况的情况下很容易患得患失、畏首畏尾，不敢将赢利搏尽，但在身处真正的灾难边缘之际却偏偏会出奇地表现出视死如归、勇往直前的大无畏气概。

一句话，大幅下跌后的超跌反弹只能做一个波次，且卖出要有个提前量。千万不要让庄家在伤停补时阶段最后再戏弄你一把，因为你没机会再去报仇。

后 记

历经了数个昼夜的艰苦奋斗，本册图书终于得以最后完成。

之所以想到要把多年来在风险投资市场中的搏杀经验及心得体会汇编成册，一是因为众多博友的盛情要求，二是由于目前国内的一些股票技术类图书的内容都过于古板和教条，在很大程度上已不适用于新阶段、新局面下的庄闲激烈博弈。

本书不是所谓的入门书籍，所以里面并没有什么 K 线的解释、指标的基本概念、均线的常规运用等等基础级的东西。它是针对那些已经有了一定技术分析基础的投资者，帮助他们快速地从普通业余水准晋升到中高级职业选手行列中去的中级培训教程。

这本书的目的只有一个，那就是让看过此书的读者能够尽快地掌握正确犀利的单兵作战技能，进而达到长期稳定赢利的境界。它没有激动人心的口号，也不谈什么可能花十年也学不出个所以然的深涩理论，一切都是化繁为简，一切都是从实用角度出发。

但由于时间上的仓促，加之平日里看盘操作的工作量很大，本书的内容上必定会有一些不完善的地方，许多技术类型的讲解差不多只能是举出重点和经典的战例，而没有过多地去展开。在请各位读者海涵的同时，亦希望大家理解，本人的用意是既希望各位能掌握书中已提及的实战类型、作战思路，也能够达到自我思考、举一反三的更高意境。

授人鱼，不如授人以渔。哪怕一本书中把方方面面所有的技术定型都讲全了，各位在日后的实战操作中总不见得手捧“红宝书”去生搬硬套吧。学习，就是要学习思路，学习方法，而绝不是简单地掌握 1+1=2 就行了。

本书中的文字风格，我也沿用了本人博客中的一贯笔风。我一向不喜欢采用广征博引、引经据典甚至一本正经的方式来和大家交流。我一直认为，能把问题讲清楚，能让大多数的人都看明白，就足矣。当然，如果有人一定要求我搞出点深度，也行。下一本书我决定用甲骨文来撰写，希望大家能有思想上的准备，哈哈。

另外，关于实战操作中最高境界的“心理学”方面的内容，我将在《短线高手》系列的第二部中予以集中讲述，以帮助有志于掌握真正强悍的实战法门的投资者向顶尖选手的水准冲刺。

最后，对于一直以来提供平台让我有更多机会和广大散户投资者交流的搜狐财经、网易财经、新浪财经等网站财经版的编辑朋友们，以及为本书的出版事宜全程给予大力支持协助的郑义先生和出版社的领导及全体同事们，本人在此表示诚挚谢意。

本人交流邮箱：gushenwuzhao@163.com

无招

2008 年 3 月于上海